JN240098

信じること

人生を切り拓く知恵

沼田法海
NUMATA HOKAI

幻冬舎MC

信じること

人生を切り拓く知恵

はじめに

「人生は〝選択〟の連続である」

この言葉は私たちの現実を的確に表しています。私たちは日常生活の些細《ささい》な出来事から、受験や就職、結婚といった人生の大きな分岐点に至るまで、選択の連続のなかで生きています。

私たちは多様な選択肢のなかから自らの意志でどれか一つを選び取ることができる一方で、そこには迷いや悩みが生まれます。時には自分の選択に後悔してしまうことさえあります。思うままに選択ができることが、かえって精神的な負担となってしまうのです。

多くの人が人生のなかで不安や苦しみを感じるのは、自分の選択に自信をもてなかったり、迷いがあったり、無意識のうちに周りに影響されてしまったりしているからです。

なにを選ぶべきか、正しい選択なのか、後悔しないだろうか……こうした迷いの感情によって、苦しめられているのです。特に人生の大きな分岐点では、その重みは一層増します。

確かに選択は大切です。しかし、その選択に正解はありません。たとえ選択ミスや間違いがあったとしても、結果的に「あの選択があったからこそ今の自分がある」と思えることこそが、唯一の〝正解〟なのです。だから、自分の選択に自信をもち、積極的に「人生を創り上げていくこと」がなによりも重要だといえます。

自分の選択を信じる心は、一朝一夕には育ちません。日頃から自信をもって選び取ることができるよう心を育てていく必要があります。

そのための方法の一つとして、北九州で宗教法人を主宰し、長年にわたって多くの人々の苦悩に寄り添い、解決の手助けをしてきた私が皆さんにお伝えしたいのが、神佛《しんぶつ》の「知恵」です。神佛の「知恵」と言われても、すぐになにを指すのか具体的なイメージが湧かない人もいるかもしれません。実は、この知恵は昔から日本の文化や生活のなかに息づいており、私たちの祖先が日々の生活のなかで蓄え、伝えてきた貴重な考え方や生き方の指針を含んでいます。これを日々の生活に取り入れ、学ぶことで自信を育み、どんな選択も自分自身を信じられる勇気をもてば、迷うことなく人生を力強く歩むことができるのです。

自信をなくし自分自身を見失ってしまった人、不安の渦中で未来が見えず考えあぐねている人にとって本書でお伝えする言葉の数々は、選択の連続のなかでも周りに流されないよう信じる心の錨《いかり》となって必ず役に立つはずです。

〝生き方〟の選択の一つとして、この本が一条の光となれば著者としてこのうえない幸せです。

目次

第1章

自分と他人を知れば、小さな迷いや悩みは消えていく

第2章

なぜ生きるのか、どう生きるのか
やがてくる人生の岐路へ向けて

第3章

愛とは、命とは――すべてを受け入れることがより良い「生」につながる

第4章 特別な修行や儀式が大事なのではない 日々の信心の先に悟りは開かれる

序章

人生は選択の連続
後悔のない一歩を踏み出すために
神佛の知恵はある

情報があふれ変化の激しい時代で、人生を切り拓かねばならない現代人

日本で「情報化社会」という言葉が一般的に使われるようになったのは、2000年代前半、ちょうどインターネットや携帯電話が普及し始めた頃でした。それから20年以上が経過し、スマホやインターネットは私たちの生活に欠かせない存在となり、どんな情報でも瞬時に手に入るようになりました。

知りたい情報がすぐに調べられる便利な時代になった一方で、私たちが実際に触れる情報は、自分が知りたい・興味のある情報だけではありません。ネガティブなニュース、人々の言い争い、誹謗中傷、さらには真偽が不明な話まで大量の情報が洪水のように押し寄せてきます。そのなかでどの情報を信じるべきか、自分に本当に必要な情報はなにかを冷静に考える余裕をもつことが、今を生きる人々にはますます難しくなっているように思います。

便利で効率の良い社会に暮らしているというのに、なぜ人は余裕を失い、息苦しさを感じてしまうのでしょうか。その大もとにあるのが、「選択への不安」です。多すぎる情報に囲まれていることで、かえって自分で正しく判断して決めているという自信がまるでも

てないことが原因なのです。結局は、便利に情報を使うどころか、反対に情報に振り回されてしまっているということです。

とはいえ科学は進歩し続け、社会の変化が止まることはありません。これからも、より〝便利な〟未来へと進んでいくのです。


では、恐ろしい速さで変わっていく〝今〟を生きる私たちにとって、最も必要なことはなんでしょう？

もっと便利な最先端のＡＩ技術の発明でしょうか？　あるいは革命的な新しい思想でしょうか？　もしかすると、ネットを規制する国の働きかけが必要だという意見もあるかもしれません。その答えは、おそらく多くの学者や研究者が模索していることでしょう。

しかし、私はいくら画期的な発明や方法でも、現代人が抱える悩みや苦しみを救うことはできないと思います。どんないい思想に思えても、それは一時的な対処法に過ぎず、新しい課題が出てくればすぐに対応できなくなるでしょう。これだけ予測不能に変化していく社会ですから、当然、今よりも重大で困難な問題が出現する可能性は十分にあります。

そんな現代社会で私たちに必要な考えの一つが、自分の外にある発明や思想に頼るのではなく、自分の中に「シンプルな考え・判断」をもつことです。

あまりに漠然とした答えに、呆気にとられた方もいるのではないでしょうか。

しかし思い返してみてください。さまざまな情報があふれかえる日本社会はどうなったのかというと、ただ複雑になっただけです。

異なる考えや意見をもつ人々が互いに「自分こそ正しい」と主張し、いさかいが起きるのは日常茶飯事です。また、根拠のない臆測や悪質なデマに騙されてしまう人も大勢いますが情報にあふれる社会になっても、結局「一つの正しさ」を導くことさえできないいま、さらに混乱が深まるばかりなのです。そもそも、受け身でいるのに「正解」を求めようとすること自体が無謀です。正解は人の数だけありますからあなたの選択も、あなたにとっての正解もあるのが当然です。その答えを見つけ出すための指針として、頼れるのは「シンプルな考え・判断」です。そしてそれをもとに際限なく流れてくる情報を選択することが現代人に求められているのです。

物質的豊かさ・精神的豊かさのバランスが取れた選択

なにか選択しなければならなくなったとき、人はどうしても「物質的豊かさ」と「精神的豊かさ」の間で揺れ動きます。

例えば、「本当はやりたいことがあるけど、生活のことを考えるとAのほうがいいかな……でも、失敗するかもしれないけどBを選んでみたい！」と、意識的であれ無意識的であれ、いつもこの2つの間で揺れ動きながら、どちらかを選べと迫られているのが人間です。

経済が成長し、社会全体が進化していくなかで、人々の意識は〝物質的な豊かさ〟を重視するようになってきたように思います。その結果、私たちが手に入れたのは、より便利で快適な社会です。先人たちがずっと追い求め、必死に努力してやっと手に入った苦心の賜物ですから、感謝してもしきれません。

しかし、便利や快適ばかりを追い求め続けてきた結果、私たちの心の中にはなにが残ったでしょうか？　社会や身の回りの生活が快適になった代わりに、心はどこか満たされないような、空虚な寂しさを感じてはいないでしょうか？

それもそのはず、人々は物質的な豊かさを追求するあまりに、自分自身の〝心〟を満たすことを疎かにしてしまったのです。つまり、経済社会の進化に伴って、精神性はどんどん貧しいものになっていったといえます。

かつての日本人は、物質的には満たされていなくとも、精神的に〝高い〟民族でした。誇りや人間としてどうあるべきか、という精神的価値を大切にしていたことを、私は精神的に高いと表現しています。

例えば武士がそうです。礼節、思想の高さは新渡戸稲造の『武士道』によって世界中で評価されてベストセラーとなりました。武士は損得勘定で判断せず、信念をもちそれを貫いて生きていました。また武士だけでなく一般庶民に至るまで精神的に高いという記録が当時の外国人の手記によって残されています。東京帝国大学のお雇い教授を務めたアメリカ人のエドワード・S・モースが書き残した手記には「母親は赤坊に乳房をふくませ、子供達は芝居を見ずに眠り、つき物の火鉢の上ではお茶に使う湯があたためられ、老人は煙草を吸い、そしてすべての人が静かで上品で礼儀正しい」と書かれています。

そして、日本人の幸福感について多くの外国人が書き残しています。1858年に日英修好通商条約締結のために来日したエルギン卿使節団のフリゲート艦長オズボーンは「男も女も子どもも、みんな幸せで満足そうに見える」と、また1879年に来日し、工部大学校の教師を務めたスコットランド生まれのジェームズ・メイン・ディクソンは、「上機嫌な様子が行き渡っているのだ。群衆の間でこれほど目に付くことはない、西洋の群衆の心労にひしがれた顔つきがまったく見られない」と書き残しているなど、日本人の精神的高さと人柄がよく分かります。

物質的な幸せだけを比べると、科学技術や経済社会が進歩し続ける現代に生きる日本人のほうがはるかに幸せだと思います。しかし今、「本当の豊かさ」を手に入れようと思ったら、私たちは物質面と精神面の両方が豊かで両立できる道を探してゆかなければなりません。

物質的な豊かさを手に入れ、お金やモノに対する悩みとは無縁になっても、心や死といった精神的な悩みは話が別です。だから、「物質」か「精神」か、どちらかばかりに偏っていては悩みが解決されないまま苦しむことになります。上手に両方のバランスを取りながら、いつも選択をしていく必要があるのです。

そうはいっても、これは簡単にできることではありません。人間には感情や欲望があり、日々それらに左右されながら生きているだけで精一杯というのが普通ですから。誰だって、ぶれることはあります。いくら立派な夢や目標を掲げても、自分一人でそれを目指すのはたいへん難しいことです。

政治家だってそうです。日本を良くしたいという情熱をもって政治の世界に飛び込んでも、ある程度成功すれば、利益や名声をさらに得ようとして不正に手を染める人は少なくありません。もちろん「国のために尽くす」という信念を貫かれる人もいますが、それはほんのひと握りでしょう。

つらい修行を耐え抜いたお坊さんですら、気持ちがぶれてしまい、犯罪に手を染めることがあります。こうしたことは大昔からいくらでもありました。神佛に仕える身であっても、時には自分の信念や約束を守れないのです。

人間は愚かで弱い生き物ですから、ありのままの自分を認め、受け入れる必要があります。

そのうえで、本当の豊かさを得るための選択を、ここに与えられた「知恵」に頼ればいいのです。その知恵に身を委ね、ほんの少し肩の力を抜いてみると、新たな道が拓けていくかもしれません。

生きるために、自信をもって進むために必要なのは「信じること」

なにかを選択するためにはまた「自信」をもつことが必要です。しかしこの世の中に、本当の意味で「自信」がある人はいったいどれほどいるのでしょうか。

自信があるかないかは、仕事や学校、恋愛などあらゆる場面で重視されることの一つです。自信満々に見える人は、それだけで好印象につながります。

そもそも自信とはなんでしょう。読んで字のごとく、自分で自分の内面や能力を信じること、自分自身の価値を信じて疑わないことです。

自信がある人は、自分の考えをもって積極的に行動したり、堂々としていて周りからも信頼されたりと、成功者に多いイメージがあります。反対に自信がない人は、失敗を恐れ、他人に流されやすく、なにごとにも遠慮がちです。もしかしたらこの本を手に取ってくれた人のなかにも、自信がもてずに苦しんでいる最中でそれを悩んでいる人がいるかもしれません。

自分の内面や能力を信じる「自信」は、成功体験を積んだり、経験を重ねたりすることで得られるのが普通で、もともとネガティブな人が簡単に得られるものではありません。まれに「根拠のない自信」をもつ楽観的な人もいますが、繊細で慎重な人であれば、簡単にはそんな自信をもつのは難しいでしょう。

ただ、それだけが自信ではありません。自信は自分以外を信じることでも生まれるのです。どんな対象でもいいので、なにか一つの存在を強く信じ、それを自分の指針として、決断したり選択したりします。そういう心の拠り所となる存在こそが自らのアイデンティティとなり、「自信」につながるのです。

もしもあなたが自分のすべてを委ねられる心強い存在に出会えたら、「信じること」「疑わないこと」「頼ること」です。それだけで向かうべき方向が自ずと見えてきます。その指針に従って行動を起こしてみると、勇気を出してまた次の一歩が踏み出せるようになります。まずは私の言っていることを〝信じて〟行動を起こしてみてください。必ずあなたの人生は明るくなるはずです。

自分はどんな人間になりたいのか。理想に近づくためには一つの指針が必要

あなたはどんな人間になりたいですか？　夢や理想はいくらでも思い描けますから、一度なりたい自分を想像してみてください。

大金持ちになりたい、頭が良くなりたい、誰かに愛されたい、人格者だと思われて尊敬されたい、誰かを幸せにしたい……一人ひとりにそれぞれの「理想」があるはずです。

問題は、そんな理想の自分に、どこまで現実で近づけるのかということです。そのために誰もが、独自に目標を設定したり、計画を立てたりして、目的（理想）に近づいていこうとします。

しかしそんな努力を重ねるなかで、たびたび出会うことになる人生の苦しみに、つい目的を忘れていってしまうのが人間です。「このように生きたい・あんなふうになりたい」、そんな熱い思いは、目先の感情や欲望に惑わされてしまい、いつしか消え去ってしまいます。

そうして、自分と他人を比べて劣等感にかられ、不貞腐れて自信を失うこともあります。負の連鎖（スパイラル）に陥ることも少なくありません。そこから自力で脱出するの

は、とても難しいでしょう。

だからこそ「信じるもの」が必要になるのです。

いつ負の世界に落ちてしまうか分からない不安定な自分ではなく、確実な「一つの指針」をしっかりと心にもてば、すべてが変わります。

昔、将軍や大名の隣には必ずお坊さんや軍師がいました。将軍たちが迷ったときや悩んだとき、自分を見失いそうになったときに、相談したり助言を求めたりするのがそういう人たちでした。いうなれば、師匠のような存在だったのです。

もともと軍師の主な仕事は「占い」だったといいます。「今年は東の畑でなにを作る」といった、方角や時期などの細かい大切なことを決めていたというのです。

苦しく難しい決断を下すのは、簡単なことではありません。将軍や大名の代わりに重要な決断を下すのが「僧侶」だったのにはどんな意味があるのでしょうか。

それは軍師や僧侶といった、俗世間から離れ神様や仏様に近い場所で生きる人々にしかできない選択があるということを表しています。自らの欲望や感情に惑わされ、迷い、悩み、苦しむ人々には難しすぎる決断のために必要な心のもち方が、彼らにはあるのです。

ただし、軍師や僧侶ではない普通の人であっても、俗世間で暮らしながら、彼らと同じような強い気持ちは手に入れられます。絶対に必要なものは、理想に近づくため、目的を達成するためのぶれない「指針」といえます。指針こそがあれば、失敗してもまた立ち上がる勇気が生まれるからです。

もし今、悩み苦しんでいるなら、なにをおいてもやることはたった一つ、「信じる」ことです。信じることを実践するだけで、それまで負の感情に支配されていた人とは思えないほどの違った自分になっています。その時点で、すでに生まれ変わっているのです。

神や仏（佛）はいるのか？それはあなたがどう生きたいかによる

神は存在するのか――。

この問題は、中世の時代から無数の学者たちによって、長らく考えられてきました。現代の科学技術をもってしても、神様・仏様が実在するかを確かめるのはとても難しいことです。

今、神様や仏様がいると考えている人はどのくらいいるでしょう。例えば、あなた自身はどうですか？

いちばん大切なのは、神が本当にいるかどうかを考えたり、存在を確かめたりすることではありません。なによりも「信じる」という行為そのものが人生を豊かにする、最も重要な一点なのです。信じる〝目〟で世界を見られるかどうか――信じる心をもつと、毎日の生活の見え方・とらえ方がまるで変わります。

例えば、神を信じている人は信じているからこそ、「いつか自分も神様がいるところへ行きたい」と願うことがあるはずです。すると、神様は悪い行いも見ていらっしゃるのだからと、自ずと自分も良い行いをしようと心がけるようになります。また、嫌なことや苦しいことがあっても、この壁を乗り越えれば成長できると思って耐え、知恵を絞って乗り越えようとします。

これは一つの例ですが、神様がいることを大前提に考えてみると、日常が大きく変化していきます。自分は一人ではない、自分を見てくれている人は必ずいる、次の世界（＝天国）がある、愛している人にまた会える、といった考え方の変化が次々に生まれます。

神という信じる対象ができることは、孤独や苦しみから救い出してくれる絶対的な頼れる人ができるということです。

反対の例を考えてみればよく分かります。神を信じないのであれば、それはこの世の物事、そして自分が生きていることが無意味だと決めつけていることになります。いつかは終わりを迎えるから、すべては結局「無」であるということです。そんな考えは、「私」という存在の価値や意味を否定していることと同じだと私は思うのです。

対象に違いはあれど、ある宗教を信仰している人は、皆自分を幸せにするために、神を信じる・愛を信じることを選択している人たちです。彼らは、決して神を見たわけでも、神に会ったことがあるわけでもありません。それでも、自分を支えてくれる存在が神様だとただ信じることで人生が豊かになることを知っているのです。

もしかしたら、これから科学が進歩し続けていけば、その先で神の存在が証明されることがあるかもしれません。そもそもビッグバンが起きて宇宙が誕生するきっかけや、地球に生命が誕生するきっかけは必ずあったのです。その〝発端〟が神だと信じる人がいても不思議ではありません。そして、その信念がその人にとって、人生において絶対的に信頼できる存在となるのです。

神様や仏様が実際にいるのかどうかは、今は誰にも証明できません。現代の科学の力で作り出せるもの、見つけ出せるものはごくわずかです。それどころか、宇宙の謎や原理原則を解明することすらほとんどできていません。

つまり、知らないこと、想像を絶する世界、あの世・この世、神佛を信じてみることは、無限の可能性を信じることだと思うのです。ならば、こうした人知を超えた存在を信じて生きたほうが、幸せになれる気がしませんか？　なぜなら、「信じること」そのものが、今のあなたの限界を超え出る唯一の方法であり、豊かな人生へ導いてくれるからです。信じるか、信じないか。この選択肢を前にしたあなたの中には、すでに答えが決まっているはずです。

単純にあの世があると考えたほうが幸せ

自分は死んだらどこに行くのか……誰でもそんなとりとめのない疑問を一度はもったことがあるのではないでしょうか？　神や仏がいるかいないかだけでなく、死後の世界（天国や地獄）があるのかどうかについても、知りたいと思う人は多いはずです。

日本だけではありません。世界中のどこを見ても、古くから「天国」と「地獄」について語られ、生前に良い行いをしたら天国へ、悪い行いをしたら地獄に行くと考えられてきました。

仏教では、閻魔《えんま》大王は死者が天国へ行くか地獄へ行くかを決める10人の裁判官の一人とされています。よく親に「嘘をつくと閻魔様に舌を抜かれる」という脅し文句で叱られたものです。純粋な子どものうちは、それが怖いので悪いことはしないように気をつけたというようなこともありました。

ただ、それも成長とともに終わります。誰でもかつての心がけや恐怖は薄れ、平気で悪いことを働いたり人を裏切ったりするようになってしまいます。なぜなら、さまざまな経験や知識を積むなかで、神の存在だけでなく死後の世界も信じず、そんなものはないと決めつけるようになったり、根拠や証拠がないものは、とりあえず疑ってかかる癖がついてしまったりするからでしょう。

しかし、それなら「ご先祖様」はどうでしょう。今は世界に存在していないご先祖様ですが、ではどこにいるのでしょうか。

神様・仏様や死後の世界は信じていなくても、ご先祖様の存在を疑う人はいないはずです。私たちが今ここに存在するのは、ご先祖様がいたからというのは間違いありません。その事実が分かっているからこそ、無宗教といわれる人々でも、お盆やお彼岸、お墓参りなどでご先祖様に感謝し、供養しますよね。あるいは、毎日の生活のなかやなにかのきっかけで、ご先祖様の存在を感じるような、不思議な体験をしたことがある人も多いと思います。

この私自身にもありますし、私が話をする人たちのなかにも、そんな経験をしたという人は大勢いらっしゃいます。

ある70代の男性は、お参りしているときに、突然「7歳の子に責任を取らせる気か」と亡くなった母親の声が聞こえてきたといいます。思いがけないことに驚きながらも、当時7歳になる孫のことかとピンときて、慌てて家に帰りました。すると、小さい子どもなら溺れてしまいそうな量の湯が溜まったお風呂に、7歳の孫とすぐ下の4歳の孫が2人だけで入っていたそうです。まだ危ないからといつも必ず大人が一緒に入っていたといいますが、もしも家に帰るタイミングが少しでも遅くなっていたら、恐ろしい事故が起き、大切な孫を失っていたかもしれません。「姿こそ見えなくても、お袋はちゃんと守ってくれているんだな」と実感した体験だったといいます。

日頃、信仰心とは無縁の生活を送っている人でも、このようにご先祖様であれば身近に感じます。ただ、そんなご先祖様たちはどこにいるのかというと、死後の世界にいらっしゃるのです。

もし、死後の世界（天国と地獄）を信じていないのであれば、亡くなったご先祖様の魂は、その瞬間にぱったりと消えてしまったことになります。でも、実際に私たちは、定期的な供養を欠かしません。これはどういうことでしょうか――簡単なことです。私たち日本人は、表面上でどう振る舞っていたとしても、意識下では死後の世界でまだ魂が生き続けていると信じているのです。

現実に今自分が生きているこの世界でも、意識下と同じように自分の死後の世界を信じることで魂は活き活きとしてきます。そして、活き活きとしてきた魂に力が宿れば、日常生活でもエネルギーが湧いてきます。

神・仏、天国・地獄、魂……これらの目には見えない非物質的な存在は、現在の科学では証明できません。しかし、物理学の世界では〝次元の違う世界（＝多次元宇宙）〟の存在が20世紀半ばから囁かれるようになり、最近では多くの物理学者によって、次々に科学的根拠に基づいた多次元宇宙の理論が発表されています。

天国や地獄も、いうなればこの〝次元の違う世界〟といえます。つまり、この世とは別の場所にある世界です。ということは天国と地獄（＝あの世）から見ると、また別の世界があるのも否定はできません。「死んであの世に行く」といいますが、それで終わりとは限らないのです。あの世にもまた死があり、その上の世界が広がり、そこから先もどこまでも高次元の世界が延々と続いているかもしれません。そう考えると、壮大でワクワクしませんか？　このように神を信じ、天国があると考えたほうが夢があり希望があります。それだけでも十分に信じる価値があると思います。

本来、宗教とは締め付けるものではなく解放するもの

現代の日本では信仰をもつ人に対するイメージが決して良くはないようです。ニュースなどで多く耳にするようになった宗教絡みの事件が原因の一つになっているのかもしれません。洗脳してお金を巻き上げたり、信者の行動を制限したりする、というような不信感

をもっている人もいると思います。

しかし本来の宗教、つまり信仰の役割は「信じるものがある」という点に限られます。お金稼ぎや誰かの行動を制限するためではなく、信じて疑わない存在をもってもらうことで、自らを苦しみから解放するためにあるのです。

そもそも、明るく前向きに生きようとすること、理想の在り方を目指すことこそが、「信仰」の目的です。そのため、信仰心のある人ほど大きな声で清々しく笑い、自分の好きな格好をして考え方も柔軟、周囲の人から楽しそうに見られます。本来であれば、宗教を信仰する人ほど明朗快活に振る舞うことを心がけるべきなのです。

また、よく間違われることですが、「弱者救済」も宗教本来の役割のなかにはありません。結果的に悩み苦しんでいた人にとって新たな道が拓けることはあっても、弱者や貧しい人だけを対象にしているわけではありません。強い人もお金持ちでも、苦しまない人はいません。悲しまない人もいません。

宗教は〝すべての人間〟のためにあります。人間がもつあらゆる感情や欲望に寄り添い、救いの手を差し伸べるためにあるのです。

宗教における「救い」とは、本来の姿に戻すことです。人間が生きている間に、無意識に忘れてしまう「素直さ」や「純粋さ」を取り戻すようにすることです。良い人であれ悪い人であれ、人間には理不尽な出来事や自分の失敗、社会で直面するさまざまなつらい出来事などを経験しながら、本来の心を保つなんてことはできるはずがありません。なにがあっても自分だけが、必死に謙虚さを保ち、周りに思いやりをもち続けるなんてことは簡単にはできないのです。

悲しくて、寂しくて、苦しくて、数多のつらい出来事で変わってしまった自分の心を元に戻すこと、純粋で美しかった頃に抱いていた誇りや信念、胸の奥に詰まっていた愛情を取り戻すこと……これが宗教が目指す「救い」です。

もしかしたら解放や救いなど自分に必要ない、と思う人もいるかもしれません。では、なぜ日本には大小さまざまな神社仏閣が、これほどまでに数多く存在しているのかを考えてみてください。

答えは簡単です。それらが日本人の生活になくてはならないものだからです。学校や病院が全国にあるのは必要だからです。神社仏閣もそれと同じです。

かつての日本では、お寺は説法を受けたり困りごとの相談をしたりする場所というだけでなく、役所のような役割も果たしていました。また、武力まで備えていましたから、一揆や戦乱があれば争いに繰り出し、大災害や飢饉《ききん》の際には先頭に立って命懸けで人々を守っていたのです。

人間としての教養、心の教育、学問、農作物の育て方など、あらゆることはとにかくお寺に行くことでなんでも解決してもらえました。人々にとって、とても頼りになる必要不可欠な存在だったのです。それが宗教です。

生きても死んでも助けてくれるところ、夢や希望を与えてくれるところ、道を指し示してくれるところ、癒やしてくれるところ、生きる力を与えてくれるところ、それが宗教でした。今もまったく変わっていません。人間として役に立つ「知恵」を授けてくれる存在なのです。

神から授かった力を生かすも殺すも、私たちの人格次第

今、世界で起きている、また過去に起こった戦争の多くは、実は宗教戦争と呼ばれるものです。つまり宗教上の問題が原因で生じた争いです。

西欧のいろいろな物語に出てくる十字軍も、キリスト教とイスラム教との戦いです。物語では、十字軍に正義があるように描かれていますが、実は先に攻撃を仕掛けたのは十字軍の側であり、イスラム側は自分の国を守るために戦ったというのが真実です。だからこそイスラム教ではその戦いが「聖戦」(=正義を守るための戦い)といわれるのです。

また、まさに今も激しい衝突が続くイスラエルとイスラム組織ハマス間の紛争も、宗教

が関わる問題です。ユダヤ教、キリスト教、イスラム教、それぞれの聖地エルサレムがあるパレスチナという地域を巡り、対立が起きています。

このように争いの火種＝宗教だと知れば、極論をいえば、宗教とは人を殺すものだと思う人がいるかもしれません。しかし、宗教の存在が戦いの要因というわけでは決してありません。神を信じ、そこから頂いた力の使い方を誤った人間の「人格」に問題があるだけです。

せっかく信じる心をもったとしても、人格が悪ければ、神から授かった力をうまく使うことはできません。神の教えを利用して人を支配しようとしたり、自分を正当化するための道具にしたりするから争いが起きてしまうのです。

宗教すなわち信仰は、人を幸せにし、人生を豊かにするものです。それほど大きな力を秘めています。だからこそ、一歩間違えれば、自分自身を不幸にするだけでなく、周囲を巻き込んだ大きな争いにまでつながってしまいます。

「だったら宗教なんてないほうがいいだろう！」、そう思う人もいるかもしれません。しかし、宗教がなくなると、私たちは「選択の指針」を失うことになります。そうなれば人々は不安や混乱の渦に巻き込まれ、自分一人の足で立つことが難しくなるでしょう。

では、人を幸福にも不幸にもしてしまう宗教（＝信仰）の力をうまく使うためには、どうすればいいのでしょうか。

結局、神を信じる一人ひとりが自分の「人格」を上げることしかありません。良い教育、教えがあれば、人格は向上します。まずは、〝信じる〟ためには人格が重要であることをしっかりと理解し、心に留めておいてください。

なにを信じるか、どう生きるか選ぶのはあなた自身

信じることで人は救われますが、宗教における「救い」は、本来の自分を取り戻して初めて達成できます。なにもせずにただ助けてくださいと、人任せに祈っているばかりでは、決して人生は好転しません。

選択に迷ったとき、神様は「知恵」を与え、指針となってくれます。しかし、それは自分にとって都合の良いきれいごとが与えられるということではありません。神様が授けてくださる知恵は、私たちを甘えさせるためのものではないのです。それは甘やかすようにその場を気持ちよくさせるものではなく、もっと大切な、人生を「豊か」にするために必要な教えなのです。

私たちのことを心から思い、寄り添ってくださっているからこそ、ときに厳しく突き放

すこともあります。もし自分が悪いことをしてしまい苦しんでいるときは、同じことを繰り返さないように活を入れてくれます。あなたが過ちを犯したときには、反省する勇気を与えてくれます。

つまりは「自立」するための支えとなるのが、宗教なのです。自分で責任を取る勇気を与えてくれるのが、宗教なのです。私たちはその知恵を借りながら、自分自身の意志で動き続けなければなりません。

人間は弱い生き物です。険しい人生の道のりのなかで目的を忘れ、心が迷ってしまうことがあります。そんなときには弱音を吐いてもいいし、たまには甘えてもいいのです。しかし、その先ではまた起き上がり、生きていかなければなりません。それが現実世界に生きる私たちに与えられた試練なのです。その試練を乗り越えるために、神様から知恵と力と勇気を頂くのだと私は考えています。

生きるのはあなた自身、選択をするのもあなた自身です。「信じる心」の元にあるのは、あなた自身の意志と判断なのです。

第1章

自分と他人を知れば、小さな迷いや悩みは消えていく

心に芯が通れば自信をもって振る舞えるようになる

生きていれば、一度は自信を失ったという経験が、きっと誰にでもあるはずです。

自信があるときは、どんな状況におかれていたって、自分を信じて前向きに取り組むことができるのに、自信がなくなると、自分のおかれた状況や環境がまるで別世界のように感じられてしまいます。

自信を失うと「自分はなんてダメな人間なんだろう……」と自己嫌悪に陥り、無気力でやる気が出ない状態になります。また、自分の行動や考え方にも自信をもてなくなってしまい、「自分にはできない」「他人より劣っている」と、物事をすべて悪い方向に考えてしまい、新たな挑戦ができなくなるのが普通です。ネガティブな感情にとらわれすぎてしまうと、誰でも落ち込む期間が長くなり、立ち直るのにも時間がかかってしまいます。

人生には、自信を失う要因がところ構わず転がっています。日常の些細な出来事もあれば、誰かに否定されたとき、仕事やプライベートにおけるトラブルなど、さまざまな局面で自信は揺るがされてしまいます。また過去の失敗やトラウマ、悩みや不安が重なることで、突然、自信を喪失することもあります。

ただ、シンプルに人間の心の大もとをたどっていくと、自信を喪失してしまうのには大きく3つの原因が考えられます。

まず1つ目は、他人と比べてしまうことです。

周りと比較し、自分は劣っていると感じたときに、自信が揺るぎます。例えば、会社で同期が自分よりも先に出世したり、後輩が自分よりも成果を出したりすると、落ち込んでしまいがちです。また、周りに優秀な人がたくさんいると、「自分も早く結果を出さないと」と、大きなプレッシャーを感じてしまいます。そんなとき、なかなか思うような結果にならないと、さらに自信を失うことになります。

2つ目は、努力をしているのに目標や夢を達成できていないときです。

高い目標であれば、達成できずとも今の自分の状態を受け入れられますが、「できる」という自信があった目標は、期待があった分、ショックはさらに大きくなります。また、いくら努力をしても目標に届かなかった場合には、自分の能力に限界を感じ、無気力になってしまうかもしれません。

そして3つ目が、周りから否定され続けている状況です。

頑張って作ったものを「これじゃダメ」と突き返されたときや、自分の仕事ぶりに対して「なんでこんなこともできないの？」と非難されたときには、自分のすべてを否定されたような気になってしまいます。人間は、否定的な言葉をかけられ続けると、どんどん自信をなくしてしまうのです。

特に現代人には自信喪失してしまう人が多いように感じます。これは、昔より多くの情報に簡単に触れられるようになったことで、自分を他人と比較する機会が増え、自己否定してしまうからだと思われます。また、とにかく他人からの見え方を気にし、「こう言ったらどう思われるだろう」「どんな目で見られるだろう」と、なんであれ他人軸で考える人が増えてきたことも影響していると思います。

自信とは、文字どおり自分で自分の能力や価値を信じることです。しかし最近ではSNSやインターネットで他人のキラキラとした日常や成功体験を目にすることが増えたため、自分の能力や価値の判断を他人の基準に当てはめてしまうのかもしれません。

しかし、いつまでも自信を失っているのは、人生の大切な時間を損してしまうことになります。この世界で生きていく目的は、行動し、挑戦し、結果を出して、自分を証明することです。落ち込んだまま同じ場所で足踏みしていては、本来の目的を達成などできません。

自信をもつ・自信を育むためには心に芯を通すことが大切です。芯とは、周りに影響されないしっかりとした考え、一本の軸をいいます。

たまに「芯が強い人」などといいますが、これはメンタルが強い人のことを指しています。見た目や体力などとは関係なく、多少のことではへこたれない強さを備えた人です。似たような言葉に「気が強い」がありますが、意味はまったく違います。

芯が強い人は、周囲に惑わされない〝自分〟をもち、行動に一貫性があります。また、行動力や決断力があり、少々の失敗で諦めることはありません。

一方の気が強い人は、他人のアドバイスを聞き入れない頑固さがあり、自分の思いどおりにしたいという欲望が強いものです。一見、自信がありそうに見えますが、実はその場の感情を優先しているため、同時に打たれ弱い一面もあるのです。

本当の意味で強くなるためには、心に芯を通すことが大切です。つまり、なにがあっても揺らがない価値観・考え、決断を支える確かな基準・指針があれば、人間は自分を信じることができるようになるのです。自信のある振る舞いは、他人の信頼も得ることができます。まずは、太い芯を通すことの重要性を理解しておいてください。

他人と自分を比べてしまうのは当然のこと

他人と自分を比較することは必ずしも悪いことではありません。他人は現状の自分を成長させてくれる、なによりの物差しとなります。他人がもっている素晴らしいものと比べて初めて、今の自分の問題点や改善点が見えてくる、それが成長へとつながります。

反対に、ことわざで「人のふり見て我がふり直せ」というものがあるように、他人の悪い面からも、多くの学びがあるというのも事実です。他人がいるから、自分が嫌だと感じることや良くないと感じることが分かる、これから自分が目指すべき目標が分かるわけです。

羨んで、妬んで、憧れてしまう、どうしても比べてしまうのが人間です。でも、それでいいんです。それでこそ人間ですから。

人間の本能には向上心が備わっています。より良くしたい、現状よりも高いところを目指したい、成長したいという欲があるのです。つまり、人間の心は他人からいろいろなことを吸収し、進化させる仕組みになっているので、それに逆らう必要はありません。

ただし、他人と比較することで、落ち込んで自暴自棄になって、動けなくなってはダメ(＝悪)です。羨んだり、妬んだりして終わってはいけません。他人に対して嫉妬や羨望を抱いたのであれば、自分もそこに近づけるように努力していくべきです。むしろ、自分はもっと上へ行ってやるという気概をもっていいのです。

多くの本や映画で偉人の生き方を知るのは、今の自分と比べて、未来の自分の目標を立てるためです。それは神様や仏様も同じです。強く、厳しく、正しく、優しく、清らかで、思いやりがあり、慈悲深い、全人格的なもの、欠点のない人間、人間の理想像、それが神様・仏様です。私たちはそういうものを信じることで力を借りることができます。さらにそのうえで、自分もこの世で菩薩の一人として完全な人間・人格に近づくために、神様・仏様を見本として修行します。まさしくこれこそが〝信仰〟です。

ただし、そんな話以前に、あなたはあなたにしかない素晴らしいものをもっていることを決して忘れてはいけません。誰ももっていない唯一無二のものが、あなたにはあります。人間は誰しもが、他に比べるものがないくらい素晴らしいもの、良いものを必ず秘めているのです。この多様性を知ることで自分が分かり、世界を広げるための武器となります。

例えば、日本独自のものとして世界的にも評価されるオタク文化を見てみてください。当初オタクは、異常な熱量と知識量で変人扱いされていました。しかしその偏ったエネルギーで自分の特技や好きなことを磨き続けた結果、現在のような日本を象徴する文化となり、日本の魅力、経済さえ牽引《けんいん》する力の一つとなっているのです。これほどまでに花開くと誰が予想していたでしょうか？ 信じ続けていたのはほかでもない、一人ひとりのオタク自身です。誰になんと言われようと、自分にしかないもの、自分だけがもっているものを信じ、力を注いでいた。素晴らしいことじゃありませんか。

だから自信をもって、自分の良いものを磨き輝かせることに意識を向けてみてください。集中して自分を磨き続けていたら、いつか他人に比べられ、羨ましがられる人間になっているはずです。

他人は、自分が知らないこと・自分一人では気づけないことを教えてくれる唯一の存在です。他者と比較している自分を責めるのではなく、他者と比べることが、自分を知り、成長するために必要なことだと知っておいてください。

他者と比較することで自分を学んだ人たちの話

他人はなんのためにいるのでしょうか。自分と比べることによって自分を知るためです。でも、そのことに気づかないまま、とても多くの人が自分と他人を比べることで苦しんでいます。ただちょっとしたきっかけによって、その苦しみが大逆転することも少なくありません。ほとんどの人は、他者の存在を通して自分を知り、自分の長所や特技を磨くことで、自信を取り戻していきます。大切なのは「意識」と「心がけ」です。信徒さんが実際に経験したエピソードは、きっと苦しんでいる人にとって大きな気づきになるはずです。

《Aさんの独白》

私は、小学生の頃はスポーツが得意で、いつもクラスの中心グループにいました。その頃は楽しく、毎日張り切って学校に行っていたものです。でも、中学に上がると、まるで逆の立場になり、いるかいないか分からない、クラスの端っこで大人しくしている存在感のない生徒になっていたのです。

小学校の同級生は別の中学に行ってしまい、私が進学した中学校には知り合いはほとんどいませんでした。また、クラスでも友達ができず、周りに頼れる人がいない状況で萎縮してしまいました。私は自信を失い、口数も減り、目立たないようにして学校での時間が過ぎるのをただただ待っているような日々を過ごしていました。

そんな苦しい時間を過ごし、ようやく3年生になったとき、父と担任の先生と三者面談をすることになりました。その翌日、担任の先生から言われた言葉に私はとても驚いたんです。

「お前の父ちゃんは豪快やのう！　お前にもその血が流れてる」

私はそれまで、豪快な父と真逆の性格である自分を比べて、劣等感に苛まれていました。しかし先生のその言葉をきっかけに、より一層自分と父親を比べてしまい、自分を卑下するようになってしまったのです。

悩みの尽きない日々を過ごすなかで、法ノ宮で新たな気づきが得られました。そこで教えられたのが「あなたにはあなたの良さがある。あなたでなければならないことがある。あなたの役割がある」ということでした。住職の言葉は私の心の中にスッと溶け込み、まるですべての悩みや苦しみから解放されたような感覚を覚えました。本当にそのとおりだ、私は勝手に父と比較し、自分自身と向き合えていなかったと気づかされたのです。
それから私は、自分の得意なことに目を向けられるようになり、自信を取り戻すことができました。自分以外の他人と比べ、自分を否定することはただ自分自身を苦しめるだけだったのです。あのとき苦しんだからこそ、「私には父とは違う〝良さ〟がある」と自覚することができたのだと思います。幼い頃の経験と、思春期に感じた苦しみ、両方味わったからこそ、人の心を知ることができました。今ではこれで良かったと心から思います。

＊＊＊

Ａさんは「喜び」と「苦しみ」の両方を経験したからこそ、確固たる自信が芽生え、人に優しくなれたのです。人の心を深く知ることができ、結果的にすべて良かったとうれしく思います。

《Bさんの独白》
私の姉は幼い頃から落ち着きがあり、優秀で、長女として家族から信頼されていました。私に比べて勉強もできて、最初の子どもということもあって、とてもかわいがられており、ずっと羨ましく思っていました。そんな姉は、地元の銀行に就職したのですが、高卒で初めての採用という快挙を成し遂げ、周囲も大喜びでした。

さらに、私の兄も、長男という理由で家族だけでなく親戚のなかでも特に大事にされていました。周囲の期待も大きく、その期待に応えるように見事医大に進み、お医者さんになりました。

そんな兄弟のなかで、私だけ勉強が好きではなく、かといって地道にコツコツと努力ができるタイプでもありませんでした。兄や姉がそろばんで二級をとったとき、周りから褒められていたので「私もやりたい」と言っても、「あなたは続かないからダメ」と反対されたこともあります。私は「自分はダメな人間なんだ」と決めつけられたように感じ、私だけが兄弟と違うことに劣等感を抱くようになりました。今思えば、どこか卑屈でかわいげのない性格の子どもだったと思います。

しかし、そんな私が変わったのは、とある経験をしてからです。法ノ宮で住職に、自分の良いところを褒められたことで、初めて人から認められたような気がしたのです。そのとき、私が望んでいたのはこれだったのだと自覚しました。私は誰かと比べて自分を評価してもらいたかったわけではなく、自分自身に自信がもてないことに苦しんでいたのだと、それまでの苦悩の原因が分かったのです。本当は親や兄弟が原因だったわけではありません。自分を苦しめていたのは、ほかでもない、私自身でした。他人に良いところを褒められたことで、自分を本気で認めてくれる・信じてくれる人がいると知り、それまでとまったく違う世界が広がるようになりました。

＊＊＊

Bさんは、ご兄弟とご自身を比較することで、自分自身を苦しめていました。しかしそこから自信をもつのは、ときに自分の力だけでは困難なことがあります。そんなとき、「自分を認めてくれる存在」「自分を信じてくれる存在」がいるだけで、人間は強くなることができ、自分自身と正面から向き合えるようになるのです。

羨ましいと思うことは成長の第一歩

自分と違う誰かに対し、羨ましい、憧れる、素晴らしい、悔しい……そんな気持ちを抱くことがあります。「隣の芝生は青く見える」というように、誰かを羨むことはまるで良くないことかのように思われがちです。

しかし、「羨ましい」という純粋な感情をもつことこそが、誰かから憧れられる人間になる成長の第一歩だと私は思うのです。それは決してネガティブな感情ではなく、自分にはないもの、自分が欲しいもの、自分に足りていないことをしっかりと自覚しているからこそ、誰かの素晴らしいところを見て純粋に憧れることができるものです。いわばその人の前向きさの現れです。自分には可能性があるという自信があればこその、羨ましさや憧れなのです。

今の自分に満足し、すてきな人を見てもなにも思わないようであれば、それは単なる開き直りです。一見安定していて芯のある人に見えるかもしれませんが、それ以上の成長は見込めません。

ただ、羨ましいという気持ちが、妬み嫉み僻みに変換されてしまうと、人間は苦しくなります。自分にはないものをもっているすてきな人に対し、粗探しをしたりやきもちを焼いたりすることは、今自分がもっているものが失われることへの不安や恐れが原因です。嫉妬心や劣等感が強い人は、本当は自分に自信がなく、相手を見下すことで今の自分を保とうとする心理が働いているのです。

これでは、今よりもマイナスの一歩となってしまいます。後ろ向きになって自分を卑下し、他人を憎むことはその時点では楽かもしれません。自分を変えたり成長させたりすることは、時間も努力も勇気も必要ですから。しかしいつまでもマイナスな感情にとらわれていても、今いる世界は決して変わりません。どこに行っても誰に会っても劣等感や敵対心を抱き、心に苦しみを蓄積してしまうのです。そしてそれがまたマイナスの一歩となり、負のループから抜けられなくなってしまいます。

そんなときは、自分のネガティブ感情や自信のなさはなにが原因なのか、一度考え直してみてください。おそらく、家庭環境や幼い頃の記憶、両親や友人、上司など周りの人からの言葉が大きく影響しているのではないかと思います。

人は、貶されたり罵倒されたりし続けていると、自分でも知らないうちに後ろ向きになっていきます。気づけば自信がなくなり、卑屈になってしまうものです。反対に、励まされたり、褒められたりすると、みるみる自信が湧いてきます。人間は自分自身での判断よりも周囲からの言葉のほうが、心に対する影響が大きいのです。

それが分かれば、まずはあなたが他人を褒め、励まし、信じることを実践してみてください。相手はそんなあなたに安心し、信頼し、必ずあなたを褒めるようになります。最初のうちは難しいかもしれません。しかし、考えてみてください。いくら優秀でも尖っていたり冷たかったりする人は褒めたくなくなるものです。それと同じ原理です。認められたければ、まずは自分から他人を認めることです。

そうすれば、他人から褒められ憧れられるようになり、自分に自信が生まれます。自信があれば、また違うすてきな誰かを羨ましく思うことができるはずです。そしてその憧れる存在に近づくために、自分を成長させ、磨き上げていきます。この良いループを循環させることができれば、見える世界がどんどん美しくなり、豊かな人生を実現できるのです。

今の自分の好きなところ・嫌いなところ、長所・短所をしっかりと分かっていれば、自分に足りない部分を補ったり長所をさらに伸ばしたりすることができます。すてきな人に対して劣等感や嫌悪感を抱いてしまう人は、まずは今の自分のありのままを受け入れる勇気が必要です。

この勇気があれば、悔しさや望み、憧れをバネに変えることができます。羨ましいと思う存在・憧れる存在に自分もなりたいという欲望と正直に向き合い、それを叶えるためになにをするかを考え、前向きに進めるようになるでしょう。

自分の欠点を認めないとなにも進まない

あなたは自分の欠点や短所を知っていますか？ そしてそれを他人に伝えることはできますか？

自分の欠点が言えるということは、自分自身を深く理解し、ダメな部分や足りない部分、弱点をしっかりと認識しているということです。

欠点を知らなければ、直すことはできません。直せないということは進化がないということです。機械は水に弱いという欠点が分かっているから、防水機能や水が浸入しないような仕組みにすることで、対処・改善し、進化していきます。人間も同じです。自分の欠点を理解し、変えていこうと努力するから、進化（＝人格向上）があるのです。欠点を知らなければ、なにも始まりません。

では、自分の欠点を知るためにはどうすればいいのでしょうか。方法はたくさんありますが、一つは他者を通して学ぶことができます。例えば、他人と自分を比較したときに、「この人のここは素晴らしいな」「今の自分には足りないところだな」と感じることで、自分の欠点が浮き彫りになります。

また他人から直接教えてもらえることもあります。良いことが重なり浮かれているときかもしれないし、反対に余裕をなくしているときかもしれません。知らず知らずのうちに嫌な思いをさせていることもあるかもしれません。そんなとき、家族、恋人、友人、上司、先生……身近な人以外にもさまざまな立場にいる人々が指導やアドバイスをくれるでしょう。この場合は、客観的に見た自分の悪い部分を知ることができます。

失敗した経験を見つめ直すことで欠点が分かる場合もあります。失敗のもとには必ず原因がありますから、問題を紐解いていくことで、自分の性格や癖を自覚できるのです。

しかし最も難しいのは、欠点を受け入れる・認めることです。

人間は、自分になにか欠点やできないこと・苦手なことがあったときに「自分は○○ができない」という事実に対して、「だから自分はダメだ」とマイナスなほうに思考をつなげてしまう考え方のクセがあるといいます。

自信を失わないためには、「自分はダメなんだ」というところまでつなげずに、「自分は○○ができない」と欠点や短所があるという事実だけで思考をストップさせる必要があります。事実は事実として認め、それに対する改善策や対処法を探っていくことで、初めて成長できるのです。

逆に言えば、「自分はダメだ」と自己否定していてはなにも進歩がありません。問題は欠点があることではなく、その事実を受け入れずに、克服するための努力をしないことです。自己否定で立ち止まっていては、その苦しみから解放されることはないでしょう。

欠点のない人間など一人もいません。すべての人間に長所と短所があるのです。聞くは一時の恥、聞かぬは一生の恥。自分の欠点を認めるは一時の恥、認めないことは一生の恥です。欠点・弱点・短所はあるけれど、あなたは愛すべき人間だということを、忘れないでください。

自分の欠点を受け入れた話

自分の欠点を知り、認めることは簡単ではありません。人は誰でも傷つき、苦しくなるときもあります。それでも前に進んでいくためには、自分の弱さを受け入れなければなりません。自分の悪いところや弱いところと向き合うようになっていけば、必ず、苦しみを乗り越えて、新たな自分になっていきます。

世の中には、実際にそのような悩みをもちながらも、困難を乗り越えた方がたくさんいらっしゃいます。

《Cさんの独白》

僕の夢は、一流の料理人になることでした。高校を卒業してすぐ、紹介された東京の一流と呼ばれる和食店に就職することができ、夢への一歩を踏み出しました。しかしプライドが高いくせに社会を甘く見ていた僕は、その店の厳しさに耐えきれず、あっけないほどすぐに辞めてしまったんです。

ただ、そんな自分が恥ずかしく、自己否定していた僕は、地元に帰ることもできませんでした。それからは、さまざまな飲食店を転々と渡り歩くようになりました。働いても店に不平不満を抱き、無断欠勤をしては自分勝手に辞めるという繰り返しで、いつしか自分自身を見失っていたんです。

　そんななかで知り合いや友達もできましたが、ブランド物の服や財布を持っている友人が羨ましくなり、お金のない自分を恥ずかしく思っていました。見栄を張るために高いブランド品を身に纏い、身の丈に合わない生活をするようになっていました。

　僕の欠点は、プライドが高すぎることだったと思います。素直に弱い部分をさらけ出すことができず、イキがりながら生きていました。

　しかしそんな苦しい日々を繰り返すうちに、僕の心は弱っていき、初めて他人を頼ることになりました。なにかにすがるように辿り着いた法ノ宮で、僕は生まれて初めて人の話に耳を傾け、受け入れることができたのです。

　おそらく僕は、ずっと心のどこかで自分の欠点を分かっていたのだと思います。しかし、そんな本当の自分と向き合うことも、認める心もちっともありませんでした。自分自身から目を背けていた頃は、あらゆる出来事がまったく良い方向に向きませんでした。

　自分の欠点が自分を苦しめていることに気がついたとき、欠点を認め、直す努力をしました。強がることをやめ、見栄を張ることをやめたときから、少しずつ心が楽になっていったのです。人に対する言葉も行動も変わってきたように感じています。今も自分が良い人間になれているかどうかは分かりませんが、前の自分でないことは確かです。

誰にでも欠点があります。しかしそれを、Cさんのように認めて改善していく人と、認めずに蓋をして生きていく人では、大きな差がついていってしまいます。認めることは一歩踏み出すこと、変わること、自分を新しく作り替えていくことです。

＊＊＊

人を思うから勇気が出てくる

人間は、自分のためだけを考えているうちは、大きなエネルギーは生まれません。確かに、「こんな自分になりたい」という理想像に向かって動くことは大切です。しかしその動機や理由が自分のためだけであれば、長続きせず、すぐに心が折れてしまいます。

また、一歩踏み出そうとしたとき、自分にしか矢印が向いていない状態では、なかなか勇気が湧きません。行動を起こすときには誰しも先に起こり得ることを想像しますが、自分のことばかり考えていると「もし失敗したらどうしよう……」「できなかったら怖い……」と自分の感情が傷つくことを恐れてなかなか行動できなくなってしまうのです。

人間は、人を思うから勇気が出てくるのです。自分の利益や得だけを望んでいても、勇気は生まれません。誰かの役に立ちたい、誰かのためになりたい、誰かを助けたい、そんなふうに思えて初めて勇気が生まれ、大きな決断を下すことができます。

人を思うことは、愛情の現れです。他者を思い、いつくしみ、温かな気持ちを注ぐことが愛です。見返りを求めるのではなく、相手のために尽くすことです。そしてその愛の深さは行動力に現れます。誰かのためを思うから、恐れずに行動でき、感情に惑わされずにいられるのです。

まさに母親がそうです。子どものためなら自己犠牲をいとわず、なんでもできます。恥をかくことも、我慢することも、寝ないで育児をすることも、なんだってできます。子どものためなら、自分の命をかけることも怖くないでしょう。

しかし、そんな母親ももともとは普通の女性でした。未熟で迷いがあり、弱く、脆い人間です。しかし子どもが生まれ、愛情が芽生えたからこそ、強くたくましくなれるのです。強い人間だから母親になったわけではなく、母親になったから強くなれたのです。

これと同じように、自分のためならできないことも、人のためならできるようになります。勇気は愛情から生まれます。今、自分がどうしたらいいか分からない、将来が不安という人は、一度立ち止まり、周りを見渡してみてください。他人への感謝や尊敬に気づき、誰かのためになることを軸に考えることができれば、行動するための勇気が芽生えてくるかもしれません。

人に厳しくなれば窮屈になる、下手な正義は豊かさを失う

人にはそれぞれ「正義」があります。正義という言葉は、正しい道理、人間行為の正しさを意味します。つまり、どのように行動すべきかについての心の指針といえるものです。良いことと悪いこと、許せることと許せないことと感じる領域は人によって違います。

社会や集団において、正義は必要不可欠なものです。しかし私は、この正義ほど攻撃的なものはないと思います。皆それぞれ自分の正義をもって、それに従って生きています。だからこそ、正義のとらえ方や考え方が違った場合、衝突や争いが起きるのです。

正義感が強い人は、常に正しく行動しようとする長所がある反面、他人のルール違反や小さな不正を許せなくなってしまいがちです。こうあるべき、こうしなければいけないという固定観念に縛られ、柔軟性を失ってしまうのです。

しかし世の中には、人の数だけ正義があります。性格や環境、立場、それぞれがおかれ

た状況によって、正しいと感じることがまったく違います。ですから、ただ一つの正しさにとらわれていると、自分の考えと異なる意見を受け入れられず、他人に対して批判的になってしまいます。

さらに、その正義感が自分自身をも縛りつけることになります。常に完璧を求めて、自分の素の感情や本能的な変化を受け入れられずに苦しくなっていきます。頑張れない、努力できない、理想の自分になれていない自分を否定してしまうのです。

正義を貫こうとすると、他人に対してだけでなく、自分にも厳しくなります。これはつまり自分自身で狭い世界を作り出しているということにほかなりません。

下手な正義感は、豊かさを失います。多様な価値観を許容できず、窮屈なルールのなかでしか生きられなくなってしまいます。最近ではそんな傾向が特に強くなっているようです。コンプライアンスや自分の権利が過度に主張され、できることが少なくなっているのです。厳しく指導するのはダメ、人を傷つけるお笑いはダメ、誰かを否定する内容はダメと自由が制限されたように感じます。

あらゆるものを縛りつけた結果、世の中はどうなったでしょうか？　開放的な発想ができる範囲がどんどん狭くなり、遊びがなくなりました。面白さやユーモアもなく、かえって喜びのない世界になったのではないでしょうか。他人の発言や行動に敏感になり、ルールから逸れる人は認めません。しかしかえってそれが自分自身をも束縛し、自由な表現やリスクのある大胆な行動ができないのではないかと思います。こうした厳しさはなんのためにあるのでしょうか？　はたして本当に正義なのでしょうか？

世界を豊かにするのは、正義や厳しさではありません。他人を許し、受け入れ、認められる心です。のびのびとした心で、誰もが自分らしく生きることを尊重することです。

正義は、あくまでも自分の中にあるものです。行動や選択の指針となるものであり、信念となるものです。核として心の中に構えておき、いざというときに自分自身を支えるためにあります。

だから正義を社会や他人に求めるのは大きな間違いです。いつまでも下手な正義感を振りかざしていれば、他人を苦しめるだけでなく、結果的に自分で自分の首を絞めることになります。現代の日本社会から下手な正義がなくなり、一人でも多くの人がのびのびと心地よく生きられるようになることを、私は心から願っています。

他人と衝突してしまったら、まずは自分が変わる

私たちの苦しみのほとんどは人間関係が原因です。会社の同僚、家族、友人、恋人、子ども……どこにいても人との関わりがあり、それによって悩みやストレスが生まれます。

また、直接的なトラブルはなくても、自分の状況や環境を他人と比較することで、劣等感を覚えることもあるでしょう。

この世界は、必ずどこかに他人（自分以外の人間）の存在があり、それから逃れることはできません。怒り、悲しみ、悩み、寂しさ、不安……自分の感情がかき乱されるとき、そのほとんどで他人が関係しているのです。

人間の性格や価値観はさまざまなので、当然「合う」「合わない」もあります。それによってときに衝突や諍いを起こすこともあります。自分とは合わない人や価値観があまりに違う人とは、なるべく関わらないように適度に距離を取るかと思います。人は皆居心地の良い場所や関係を求めますから、無理に仲良くする必要もないし、自然と疎遠になることは決して悪いことではありません。

もし会社や近所付き合いなど、深く付き合う必要はなくともどうしても関わらざるを得ない関係性であれば、工夫が必要です。「苦手」や「合わない」という自分の感情をそのまま相手にぶつけてしまえば、トラブルに発展しかねません。それほどの関係性であれば、できるだけ波風を立てず、穏便にすませることが得策です。うまく聞き流し、エネルギーをかけない接し方を心がけていれば、ストレスは最小限に抑えられるでしょう。

しかし問題は、自分の進むべき道においてぶつかってしまうような存在への対処です。つまり、自分の未来や在り方に影響を及ぼす場合です。それは家族や恋人、親友など大事な存在のときもあれば、距離のある相手のときもあります。相手への思い入れや状況によって使うエネルギーや真剣さの度合いが変わるはずです。

無視できない、受け流せないような状況になってしまったときには、まずは話し合うしかありません。誤解や勘違いが生じていたかもしれないし、相手の真意とは違う意図で受け取っていたかもしれません。または、お互いの本音を知ることで、相手の思いに寄り添えるかもしれません。どちらにしても理解し合えるまでよく話し合わなければ発展はないでしょう。

しかし、どれだけ話したとしてもぶつかってしまうこともあります。どうしても理解できない、共感できない、許せない……いざとなれば、戦わなければならないかもしれません。もし戦うのであれば、誰かのためになるときです。日本のため、会社のため、家族のため、人のため。自分以外のなにかを守ろうというときには、正々堂々と戦えば良いのです。

しかし、それが自分のためであれば話は変わります。自分を守りたい、自分が傷つきたくない……そんなふうに自分を保つためだけに戦うのであれば、そこに成長はありません。戦うということは、相手を負かそうとすることです。つまり、相手を批判したり優劣をつけたりして対立することです。これは、問題の原因をすべて相手に擦り付け、責任転嫁しているからこそできることです。

しかし他人と衝突してしまうのには、それなりの原因があります。どちらかが100％悪いということはありません。割合の差があるにせよ、必ず自分にも原因があるはずです。

問題に真剣に向き合うこともせず、相手のせいにしていても、物事が良い方向にいくはずがありません。一時的にその問題から回避できても、また他の人間関係で必ずつまずいてしまうでしょう。

人間関係の悩みや人生の苦しみを軽減するためには、自分自身から変わることが必要です。他人を変えることはできません。このことをしっかりと理解することが大切です。変えることができるのは、自分だけなのです。

そのためには、問題の原因に目を向けて自分の行動を振り返る。そのうえで反省や気づきが得られれば、解決・改善への道が拓けてきます。自分を変えることは、つらく難しいことです。しかし、その苦しみに耐え、より良い自分になれたとき、人格が高く上がっていくのです。

他人に対してなにか不満があっても〝良い方向へ向かわせるため、乱さないため〟に自分がやろう、と自ら責任を取ろうとする当事者意識のある人は最終的に得をします。そんな姿勢が信頼を集め、会社でも家庭でも、なくてはならない存在として求められる人間になっています。気づけば和の中心として、周囲の人を照らす太陽のようになっているのです。これを「魂の出世」といいます。

嫌な人が周りにいたり、他人と衝突してしまったりしたときは、まずは自分の言動を振り返り、原因と向き合うことができれば問題解決の糸口が見えてくるかもしれません。

自分を変えるなにかに出会う

人生や自分自身の成長において、なくてはならないのが出会いです。人や環境、仕事、趣味、芸術、場所、言葉……あらゆる未知の物事と初めて接する機会が、出会いです。新たな出会いがなければ、チャンスも気づきも学びもありません。出会わなければ、自分の人生はなにも変わりません。

歴史上の人物や大きな功績を残した人には必ず出会いがありました。例えば、坂本龍馬は勝 海舟に出会ったことで価値観や考え方が大きく変わり、あれほど偉大なことを成し遂げられました。また西郷隆盛の場合は、島津斉彬との出会いが人生を変えました。そして吉田松陰は、高杉晋作や伊藤博文を変えました。同じようなことは、現代にもたくさんあります。テレビに出ている芸人さんには師匠に出会って変わったという人がたくさんいますし、起業家の堀江貴文さんはパソコンに出会って変わったそうです。あなたの周りにも、人生を変える出会いを果たした人がいるはずです。

しかし、ただ出会うだけではありません。この人たちに共通しているのは、その出会いに対して「これだ！」という確信があったということです。これだ！って言われても……と思う人が多いでしょうが、つまりはピンとくるもの、しっくりくるもの、信じられるものです。この確信は、なにも考えずただひたすらに出会うだけでは得られません。外からの変化や刺激を受け取り、心が動かされる感性、いうなれば「感受性」や「直観力」といった力が必要です。

堀江さんはパソコンに出会って人生が変わったといいますが、その当時パソコンは一般家庭に普及しておらず、普通の人はそれほど「これだ！」という感覚にも至りませんでした。

「これだ！」に出会うためには、日常のなかで感じ、考え、求めることが大切です。今自分はなにを感じているのか、なにを考えているのか、なにを求めているのか――。自分の心や本音と真剣に向き合い、理解しているからこそ、心の些細な動きに気づくことができるのです。

足るを知るとは心の豊かさ

今、欲しいものはありますか？　もっとお金が欲しい、もっときれいになりたい、もっと愛されたい、もっと認められたい……現状に満たされていない人、物足りないという人はたくさんいるでしょう。もちろん、欲しいものがある、欲があることは自然なことです。人間は欲があるからこそ進化し続けてきたわけですから。

また高い理想を掲げ、向上心のあることもとても良いことです。そのために努力し、目標を達成し、夢を叶える、充実した人生です。

しかし、人間の願いや欲望にはキリがありません。その願いが叶った瞬間は満足しても、その満足は長続きせず、また次の欲望が湧いてくるのです。例えば、お金を欲しいと願い、努力して稼げるようになるとします。すると好きなものを買えるようになります。しかし、上には上がいますから、高級車を買ってもプライベートジェットを買っても豪邸を買っても、自分より上の人と比べて、嫉妬心や劣等感をもってしまいます。あれも欲しい、これも欲しい、もっと欲しい……そうなれば追いかけても追いかけても満たされるのは一瞬で、また次の欲望に向かって突き進むことになるのです。

人間の欲望は生きている限り尽きることがなく、なくすことはできません。そこで皆さんに知っておいてほしいのが「足るを知る」という言葉です。この言葉は仏教の経典に出てくる「知足」という言葉に由来しており、さまざまなとらえ方があります。大まかに言えば、現在の自分の状況に満足する、今目の前にあるものに対して感謝する、という意味が含まれます。

ただし、これは現状に妥協して高望みをしないというようなネガティブなものではありません。満たされることなどないというのを知り、幸せをそこに求めないことが大切なのではないかと私は考えています。つまり生活は豊かであり足りている、そのなかで幸せを見つけることが人生を豊かにするのではないでしょうか。

もっともっとと物質的な満足感を求めるのではなく、内面的な充実感や精神的な豊かさを求めた生き方こそが、幸福をもたらします。まずは小さなことに感謝を忘れないように、気持ちの在り方から意識してみると良いでしょう。

自由は人に自由を与えて初めて得られるもの

人は誰でも自由になりたいものです。なににも縛られず、制限されず、自分の思うままに生きていきたいと求めるのが、人間の欲望です。しかし自由になるなら、その分責任が伴います。また、大事な人、親しい人、愛する人がいれば、その人たちとの関係性のなかで自由を考えていかなければなりません。

そんな他者との関係性における自由については、自分だけが一方的な欲望を押し通すことはできません。誰かと接するということは、なんらかの約束や信頼、それぞれの思いや意志があり、互いに配慮・尊重し合うことで関係が成り立ちます。

そのため、自分だけが自由な思いをしていると、相手は我慢し続けなければならなくなります。例えば、父親が「自由をする」とします。ゴルフに行く、パチンコに行く、飲みに行く、好き勝手に遊び、自分のしたいことだけを優先していれば、当然母親や子どもがどこかで我慢しなければなりません。誰かが「自由をする」と、その分誰かが犠牲をはらっているのです。

だからこそ自分が自由になりたいのであれば、まずは「人に自由を与える」べきです。相手に自由を与えることで、初めて自由を与えられます。相手から大切に思われれば、多少のことは許されるようになるでしょう。また、信頼感も生まれるため「自由をさせて」もらえるのです。

自由を求めるのであれば、相手も同じ自由を求める存在であることを忘れてはいけません。だから、まずはあなたが自由を与える人となるのです。それは自分を犠牲にすることにも、我慢することにもなります。しかしその態度が相手を信頼させ、深く愛されるのです。

個人の意思を大事にするということは、その前に「和」が構築されていないといけません。家族の和、会社の和という難しい問題を解決するのは人に自由を与える、自分がまず先に犠牲になるという精神でいることを心がけていきましょう。

自分を犠牲にし、幸せを手に入れた話

今まで自分勝手に振る舞ってきたことで、かえって自由を失ってしまった女性がいました。しかし、彼女は家族や周囲との関わりのなかで、感謝と気づきを得ることができ、本当の意味での自由と幸福を手に入れることができたのです。

《Dさんの独白》

高校を卒業して就職をした私は、会社に通勤するために両親に中古の軽自動車を買ってもらいました。しかし1年くらいすると、新車の普通車に憧れる気持ちが強くなり、知り合いのお店でローンを組んで新しい車を手に入れました。しかし、家族からは「軽自動車も悪くないし、せっかく買ってあげたのに」と猛反対されてしまいました。それでも私は

言うことを聞きませんでした。当時の私には家族を大事にする心がなかったのだと思います。

それから仕事は3年半で辞めてしまいました。良い会社でしたが、新しい上司とぶつかってしまったことで、大して我慢もせずに辞めてしまったのです。実は、姉も、私と同じように就職先で嫌な目にあっていました。しかし姉のほうは、辞めずに頑張っていたのです。その一方で私は自分勝手に退職してしまいました。

そのあとゴルフ場の受付で働いたものの、給料は3分の2、ボーナスは半分以下になりました。また、家から十分に通える場所だったのに、自由になりたくて家族の反対を押し切って会社の寮に入ったのです。自分勝手に自分の好きなことばかりしていた私は、家族からの信用を失い、逆に生きづらくなっていました。その結果、経済的にも苦しく、寂しい思いもすることになってしまいました。

ある日、何回か転職を重ねた末、仕事をまた辞めようと思ったタイミングで、見兼ねた友達が人生を変える縁をつないでくれました。そこで住職に言われたのが「自分勝手な辞め方はしないほうが良い」という教えです。同じ「辞める」でも良い辞め方と悪い辞め方があるということを、そこで初めて知ったのです。

今になって考えてみると、それまで自分勝手に辞めることを繰り返してきたために、だんだん良くない会社にしか勤められないようになっていました。気がつけば、最終的には多額の借金を抱える会社にしか、雇ってもらえなくなっていたのです。

それから私は法ノ宮で物事の考え方の基本を学び、良い方との出会いもあり、めでたく結婚もしました。今では自分のことばかりを考えず、家族一人ひとりの心が穏やかでいられるようにと努めています。夫は日頃から我慢している私のことを、よく気遣ってくれ、信頼してくれています。また、娘もよく手伝いをしてくれ、助けてくれるんです。

自分が自由に、そして幸せになるためには、まず周囲の人のことを優先して考えなければならない……身勝手な行動の末、自分を苦しめていた過去の自分があったからこそ、この大切な気づきを得ることができたのだと今では思います。

＊＊＊

Dさんは、大切な人のために我慢をしているからこそ、自分が自由をしても家族は不満に思わず、自分自身も楽しく過ごせるのだと感じていると言います。自由を得るためには、まずは自分から犠牲になることが大事なのだという法ノ宮の教えを実践した彼女は、大きな幸せをつかんだのです。

本当の「自由」とはなにか

人間は自由を求める存在です。

ではこの自由とはなんでしょうか？

一般的には、人間が制約や束縛から離れ、自己決定や自己表現を享受できる状態を表すもの、つまり、なににも縛られず、思いのままに生きることをいいます。こうして見ると自己中心的で勝手気ままな振る舞いがイメージされます。現在の「自由」は英語の「Freedom」のような一切の束縛や拘束から放たれた解放的な印象に近いでしょう。

しかし、本当の自由とは神様が創ったこの世界の法則、真実を知ることです。つまり、「私たちを創ったのは神様である」ということを知ることです。

あなたが抱く悪や罪の意識は、実はあなた自身が勝手に判断しているだけです。もしくは、常識や固定観念によって、思い込んでいるに過ぎません。神様は、決して善悪を判断したり、罰を与えたりすることはありません。神様はこの世界になんの制限も規則も課していないのです。まずはその事実をしっかりと知ることが、自由の始まりです。

例えば子どもの頃、男性なら女性の体に興味をもち、性的な心になってモヤモヤする自分の心を、汚らしく不潔なものだと苦しむ時期があると思います。しかし大人になるとその心（欲望）が当たり前の心なのだと分かります。罪の意識も、汚いという感覚も、もつ必要がない当たり前の人間の心だと受け入れ、認めることができます。つまり罪の意識、汚いという感覚から解放されたのです。その時点で、一つ自由を手に入れたといえるのです。

人間は「知る」ことで自由になります。教えがなぜ大切なのか？ 救いとなるのか？ それは人の心を解放し、自由にするからです。自分自身が作り出した悪・罪、人が言う悪・罪が、本当に悪・罪になるのかといえば、決してそうではありません。

例えば親友と呼べる人が事業に成功したとして、あなたは初めは心から成功を喜びます。しかし、親友の服装がブランドものに変わったり、車が変わったり、家に招待され裕福な暮らしを見たときに、心のどこかで妬む心が出てきて、「落ちればいいのに」とふと一瞬心からその言葉が湧いてきたとします。あなたは一瞬だけでもそう思ってしまった自分が恥ずかしく、汚い、最低だと思ってしまうかもしれません。そして、そう思ってしまうことが悪だ、罪だと感じるかもしれません。

しかし、そんなあなたに「罪ではない」と言えるのが教えです。誰だって醜い感情を抱くことはあります。神様・仏様は、人間の感情や欲望を否定しているわけではなく、受け入れたうえで「その後どうするか？」を問うているのです。相手を陥れる行動に出るのか、悔しさや羨ましさを原動力に行動し、自らも理想を目指すのか、その選択を下すのは、自分自身です。ですから悪い心や醜い感情を抱くこと自体は、悪でも罪でもありません。「これも人間の当たり前の心なんだ」と、この世界の法則を受け入れ、悪や罪の意識から解放されることこそが、本当の自由なのです。

特に選択肢が多い現代では、自由に生きることは簡単そうに思われますが、実はとても難しいことです。就職、学校、買い物、恋人、趣味……昔と比べて格段に情報や選択肢が増え、気軽に自由な選択ができるようになりました。

しかし、選択肢は多ければ多いほど意思決定の場面も増えていきます。数ある情報のなかから処理し、決断しなければなりません。これは脳にとって最もエネルギーを使うことだそうです。多くの選択肢を前に混乱し、迷い悩み苦しんでしまうのが人間の性質です。

つまり、私たち人間は選択肢が増えたからといって自由になれる（豊かになれる）わけではないのです。大切なのは自分の意志によって決めた道を信じ続けることです。なにを選ぶかよりも、選んだ道でなにをするかが重要です。

人は物質的に豊かに・自由になるほど、精神的に不自由になるのかもしれません。社会が成熟し、物質的に満たされた私たち現代人が目指すべきは、精神的な豊かさ（＝自由）のある人生であると、私は考えます。

第2章

なぜ生きるのか、どう生きるのか
やがてくる人生の岐路へ向けて

この世は自分を証明し、チャレンジする場

実際に今生きているこの世界は、なんなのか――。私たち一人ひとりはそれぞれ見え方・とらえ方が異なるので、人によってまったく違う世界が広がっているはずです。

かくいう私は、この世界は自分を証明し、挑戦する場所であると考えています。

人は誰しも、こういう人間になりたいという理想を抱いています。それは幼い頃でも大人になっても同じで、大きさや内容は違っても常に理想を持ち続けているはずです。

ただし理想と現実はまったく違います。理想とは、心に描いているもの、現実は、目の前に事実として現れている状態のことをいいます。心の中で求め続けるだけでは、どんな理想も誰の目にも映ることはなく、存在すらしていないことになってしまうのです。

だからこそ、逃げようと思えば逃げられるし、目標を目指すことを諦めることもできます。誰にも話していないのなら、もちろん、見て見ぬふりをして、やりすごすことも簡単です。

けれど、そんなふうにこの世界の意義を無視して生きていては、決して運は味方してくれなくなります。「自分を証明し、挑戦する場所」として存在するこの世界では、なにもしない人に誰かが力を貸してくれることも、手を差し伸べてくれることもありません。

なにかに挑戦すれば、必ず結果が出ます。たとえ失敗したとしても、それは単に失敗という結果が出ただけのことに過ぎません。失敗であっても、それがしっかり現実のものとして目に見えることになります。つまり、自分を証明したことになるのです。しかも証明だけで終わりはしません。結果が見えるというのは、次の一手が分かることでもあります。どう対処するのか、次になにをするのか、新たな選択肢が生まれて新しい挑戦が始まります。人生はこの選択と挑戦の繰り返しであり、これを実践できることこそがこの世界が存在する理由なのです。

この世界では、挑戦の回数に制限はありません。何度でもチャレンジすることができるのです。ただし、人は挑戦のなかで苦しむ存在でもあります。何度も何度も失敗し、後悔し、立ち上がれなくなることもあるでしょう。けれど心配する必要はありません。チャレンジを続ける人には、必ず誰かが力を貸してくれるものです。

なぜなら、挑戦を続け、失敗を繰り返した人は人格が磨かれていくからです。どんなときも理想を目指して行動し、つらくても理想を追いかけるのをやめなかった人は、その分だけ人格が高まっていきます。成功しても失敗しても、理想から逃げずに生きていれば、自分でも無意識のうちに人格が向上していくのです。そして、その姿は必ず誰かが見ています。何度挫折をしても、諦めずにチャレンジし続けていれば必ず道は拓けるのです。そう信じて、挑戦し続けることをやめないでください。

今自分は、ただ理想を掲げているだけなのか、そのために実際に行動しているのか。一度立ち止まって、自分自身を振り返ってみることが大切なのです。

この世界は物理的・精神的な理想に向かって挑戦し、失敗や成功を通して自分を証明するためにあるのです。ですから失敗を恐れず、挑戦という選択を選ぶことから始めましょう。

夢が叶おうが叶うまいが、歩むプロセスで人間は成長する

子どもの頃、どんな大人になりたいと思っていましたか？　宇宙飛行士、野球選手、警察官、お嫁さん、お花屋さん……きっとみんな大きな夢を思い描いていたことでしょう。ただそれは成長するにつれて変わっていきます。幼い頃の夢をもち続けた人、違う夢をもった人、夢を失った人、さまざまな方向に分かれていくのです。大人になれば、夢なんて必要ないと考える人も出てくるかもしれません。

それもそのはず、夢は叶うかどうか分からないものです。夢に描いた道で成功する人は

ほんの一握りであり、ほとんどの人の夢は打ち砕かれて終わってしまいます。

しかし、夢は叶えることだけが目的ではありません。夢の本当の役割は、道しるべです。もし夢や理想、目標がなければ、進むべき方向が定まらず、どこに向かって努力をすればいいのか分からなくなってしまいます。

夢が決まると、それに向かってなにをすべきかが明確になります。これからなにを始めるべきか、そのためにはどう行動すべきかを考え始めます。夢は、あらゆる選択の判断基準となり、方向性を示すものです。

そして夢があれば、努力の重要性が分かります。大人のなかには、夢が叶わなければ努力がまったく水の泡になるという人もいます。確かに叶うという結果だけを求めているのであれば、無駄に終わってしまうのかもしれません。

でもそれは間違いです。夢に向かって努力する、その過程自体のほうが何倍も大切といえます。夢を目指すプロセスのなかで、挑戦し、その結果に対処する、試行錯誤していく……人は、さまざまな過程を経て一回りも二回りも成長していくのです。

山登りをして頂上に達したとしても、体が鍛えられているわけではありません。登っている最中に徐々に鍛えられていくのです。たとえ頂上に辿り着けなかったとしても、反省点や改善点を見つけて、体を鍛えたり、知識を身につけたりすることができます。そうやって目標の山を登りきるための努力を積み上げていくのです。

夢を叶えるためには小さな目標が必要になります。挑戦を続けるなかで今自分に必要なものが分かり、それに伴って目標を設定します。少しずつでも目標がクリアできれば、「達成感」が生まれます。この達成感こそが、夢や理想を追い求めるための持続力となるのです。

どんな結果であれ、努力は必ず自分の血となり肉となって、人間を成長させます。思考、精神、肉体、これらの成長が人としての喜びとなり、人生の充実感につながっていきます。だいたい、実際は夢に向かって一歩を踏み出した時点で、夢に近づいているのです。それだけでも、前の自分とは大きく違っているわけです。

叶えたときではなく、上がっていく過程を楽しませてくれるものが、夢の本来の役割です。うれしさ、ワクワク、喜び、成長しているという実感こそが、心を満たしてくれます。継続し続けていれば、なにかの形で夢は必ず叶います。自分を心から認められる人生が歩めると信じて、夢を思い描いてみてください。

自分のやりたいことが見つからない人へ

最近の若者は、自分のやりたいことが見つからない人が多いようです。昔と違ってさまざまな選択肢が増えた現代では、夢を見つけることが難しいのでしょう。

ただ夢がないと、努力するための目標が分からず、曖昧で無気力な日々を過ごすことになってしまう恐れも出てきます。もし今夢を見つけられないと悩む人は、夢をもっている人がなぜそれをやりたいと思ったのかを想像してみてください。

動機はさまざまでしょう。純粋にそれをやっていることが楽しいから・好きだから、人を喜ばせたいから、誰かの役に立ちたいから、他人から認められたいから……いろいろな思いがあって、やりたいこと、夢につながったのだと思います。

しかしすべての人に共通していることがあります。それは、見た・聞いた・やったことがある、となんらかの経験に基づいているということです。経験することで、楽しい、好きだ、人の役に立てると思ったと気づけるのです。

そのため、まずは行動して、そこで得た経験から「やりたい」という思いを育てなければなりません。ただ頭の中で探しているだけでは、やりたいことなど見つかりません。なぜなら、実際に目や耳で自分の手で感じることこそが、人の思いを大きくするからです。経験して初めて、「これだ！」という確信を得ることができるのです。

もしも、やりたいことが見つからないということを、なにもしない言い訳にしているのであれば、それはとても危険です。動かない・行動しないことを正当化するために、いつしか「見つからない」という言葉を使ってしまうからです。

心に衝撃を与える出来事が運よく向こうからやってくるなんてことは、まずありえないと断言します。だから本気でやりたいことや夢を見つけたいのであれば、とにかく行動して「これだ！」と思えるものに出会うことです。

あるいは、自分がどうなりたいかという理想に立ち返ってみてもいいでしょう。具体的な夢や目標でなくとも、なんらかの理想像は誰でも描いているはずです。そこからやりたいことを絞り込めばいいのです。

例えば、お金持ちになりたいという理想があるなら、お金を稼ぐことだけを目標にすればいいので、そのための手段や方法を考えることに集中し、あれこれと職種に悩む必要はありません。また、誰かの役に立ちたいのであれば、困っている人を助ける仕事は世の中に山ほどありますから、そこからとにかく挑戦してみると良いでしょう。

挑戦しているなかで「こうすればもっと良くなるだろう」というアイデアが必ず浮かんできます。行動し続けていれば、必ずあなたに合うものに出会えるはずです。

自分の本当の心と向き合い、夢を見つけた話

つらい経験を乗り越えて、自分に合う仕事に出会ったことでやりがいを感じながら生き

ているある女性がいます。今やりたいことが見つからずに悩んでいる人は、Eさんの前向きな変化が参考になるはずです。

《Eさんの独白》

私は、高校1年生のとき、コンセントに溜まったホコリから発火し家が全焼してしまい、父と弟を亡くしました。祖父、母、私は命からがら逃げおおせましたが、そのとき私は2階から飛び降りて左足を骨折してしまいました。

その後は亡くなった父方の祖母が同居して、家のことを助けてくれる生活を送っていました。母は毎日のように車で私を外に連れだし、ふさぎこまないよう気遣ってくれましたが、1カ月くらいは毎日父と弟のことを考えて泣き続ける生活を送っていました。そして1カ月を過ぎる頃には、そんな苦しさがストレスとなり、父や弟のことは考えないようにして、ほかに目を向けるようになっていました。

それでも、なにかちょっとした瞬間に思い出してしまい、突然涙ぐんでしまう毎日でした。この苦しさを人に話しても共感されるわけでもなく、買い物や友達との長電話をしてそこに依存してしまったのです。それに、寂しさやストレスを抱えきれなくなり、ちょっとしたことでイライラしたり、怒りやすくなったりしていました。

そんな不安定な状態が2年半ほど続きました。骨折した足を引きずっていたこともあり、ますます劣等感を抱えるようになり、どん底まで落ち込んでいきました。無理やりほかのことに目を向けることで心を落ち着かせ、乗り越えたのだと思い込むようにしていました。

しかし実際は、寂しさを紛らわすために買い物をしたり、友達と電話をしたりしていただけで、本当はまったく乗り越えられてなどいなかったのです。当時の私の携帯料金は月6万円を超えていました。

周囲の人はそんな私に同情し、「かわいそう」と言って優しくしてくれました。しかしそれによってどんどんわがままになり、歯止めが利かない状態になっていました。当たり前のように非常識な態度をとり、周りの人がなにも言わないことを良いことに、バイト先でもイライラした態度をまき散らしていたのです。

そんな生活を送るなかで、私は自分が死んだあとのことに興味が湧くようになりました。しかしそのたびに「生命を失ったら無になるのか」と考えると、とてつもない不安感に襲われていました。また、将来のことを考えてみても、このままでは社会に出られないかもしれないという不安が強くなり、追い詰められているような気持ちになっていました。そのときの私は、自律神経失調症の手前まで来ていました。そんな絶望の淵に立たされたとき、御縁があって法ノ宮に相談に行ったのです。

今思えば、私は話しながらいつも携帯ばかり見るという非常識な態度でしたが、それでも住職は根気強く話を聞いてくれました。また、失礼な私に対し、「寂しかったでしょ」と声をかけてくれ、一緒に泣いてくれたのです。そのとき私は、初めて自分の本心に気づきました。住職の温かい言葉によって、氷のように冷たく固まっていた私の心が解けていき、「寂しい」という本当の心の声が聞こえてきたのです。それまで表面的に寂しさや苦しさを紛らわせていたために、なにが苦しくてなにが寂しかったのか分からなかった私ですが、そこでようやく自分の本当の心を自覚することができました。

それからは毎日心をさらけ出して話すことによって、自分の心の状態をより深く理解できるようになっていきました。すると、心が少しずつ満たされていく実感がありました。住職とお話をし、承認欲求が満たされるにつれて、心が前向きに変わっていったのです。これまで買い物や友達との長電話で埋めることができなかった心の空洞が、徐々に埋まり始め、ついにはそれらへの依存をやめることができました。

それから私は、通信制の学校に行き高校卒業資格を取り、介護の仕事に就きました。そしてある日、職場の方から「看護師になったら」と言われたとき、これは神様から言われているんだと感じました。そして看護学校に挑戦しようと思い勉強を始め、実際に看護師になる夢を実現することができたのです。

看護師として働き始め、職場の方からの紹介をきっかけに結婚をし、子どもも授かりました。今、私は素晴らしい夫と子どもに恵まれ、幸せです。

火事でお父さんと弟さんを亡くすというつらい経験のなかで、自身の心と向き合うことができなくなっていたEさん。心の隙間を埋めるため、本心を隠す日々を過ごしていましたが、その結果、希望を失い、自分自身の心が壊れていってしまいました。大きな悲しみや苦しみを前にしたとき、人はなにかにすがろうとしてしまうものです。しかし、自分の本当の心と向き合い、自らをさらけ出すことができれば、いつか必ず道が拓けます。すぐに立ち直れなくてもいいのです。けれど、希望に満ちた明るい未来が来ることを信じて、少しずつ歩を進めることが大切です。

＊＊＊

就職したら、上の立場に立って考えてみる

これから会社に就職するという人は、「社会でうまくやっていけるのか」「本当にこの会社で良いのか」とさまざまな不安を抱えていることでしょう。人間は、知らないことや経験したことのないことに不安を覚える傾向があるため、初めての体験に大きな不安を感じ

るのも当然です。そんな漠然とした不安を少しでも軽くするために、就職でうまくいくコツをお教えします。

就職したばかりの右も左も分からない頃は、個人の成績さえ良ければ多少無責任でもなんとか通用します。職業にもよりますが、出世したければ個人の成績を上げることに集中していればどうにかなるでしょう。

逆にいえば、若い頃や役職のないうちは、優しい人ほど損をしてしまいます。ところが出世していくと、他人を思いやれなければ、社内での立場を危うくします。自分のことばかり考えていると、その無責任さが足を引っ張り始め、たちまち通用しなくなるのです。

これはどこの会社にいても同じです。会社という組織においては、そのような摂理が働いています。ですから、経営層はその人の人柄や対応力を注意深く見ているのです。

経営する側にとって重要なことは、稼げる人が一人でも多くなることです。稼いでくれることが重要なので、誰が稼いでいるかはさほど気にしていません。

冷たいと思われるかもしれませんが、これは大切な社員の生活を守るための正義です。だからこそ、稼げる人を一人でも増やすことが大切なのです。

あなたがもし会社経営者なら、個人の能力は高いけれど協調性のない人と、他人を思いやり育てることができる人、どちらが欲しいと思うでしょうか？　また、自分が上司になったとき、持論ばかりで言うことを聞かない人を部下にしたいでしょうか？　やはり、素直に言われたことがきちんとできる部下がいいでしょう。

新人のうちは、まず「上の立場（経営者や上司側）に立って考える」ことを意識してみてください。最初は分からないことばかりで余裕がなくても、少し立場を変えて違う目線で考えてみると、自分の役割やとるべき行動が分かると思います。なにごとも、人に好かれることこそが成功への道を拓く最も強力な方法なのです。

社会人として大切なのは誠実さ

社会人になってなにより大切なのは、周りの人のことを考えて、誠実に行動することです。誠実さのない対応や態度は必ず相手に伝わり、人間関係を悪化させます。人間関係を大切にしないと、将来的に後悔することになり、そのときにはもう取り返しがつきません。そのため上司や同僚、部下に対して、常に誠実さを意識した振る舞いをすることはとても大切です。

今を大切に、同時に常に未来を予測してください。年齢とともに環境はどんどん変化します。それに応じて自分の心も変わっていきます。そのことを忘れてはいけません。

社会人一年目は、会社はあなたのために投資をしてくれている時期です。なんの知識や経験がなくとも、成長を見据えた環境を用意してくれているのです。

自分が今どんな立場にいるのか、どんな状況なのかを客観的に考えてみると、自ずとやるべきことが見えてきます。一年目で自分の環境に甘えてなにも挑戦しなかったり行動しなかったりしていると、いつか状況が変わったときに必ず苦労します。今は学びの時期だととらえ、果敢にいろいろなことにチャレンジし、経験を積んでいくことが新人社員に唯一できることであり、特権でもあるのです。

今自分がおかれた立場や環境のなかで、未来を予測しながら成長につなげる行動をとる――新米社会人はこの心構えさえ忘れなければ、自然と結果がついてきます。


現代社会は昔と違い、会社の飲み会や上司の誘いを断ってもいいという風潮があります。また、厳しい指導やパワーハラスメントにも敏感で、会社側が新人社員に合わせる傾向があるようです。

どこの業界でも常に人手不足のため、会社はあなたの要望に寄り添い、意志を通してくれるでしょう。しかし、この現代社会の風潮こそが罠なのです。なぜなら、なんの知識も経験もない新人が、会社側に合わせてもらうことを当たり前だと思ったら、そこに成長はないからです。自分に不都合なことを会社の責任にしていては、いつになっても人格が磨かれません。

自分に降りかかった困難や苦労を自分の責任として対処していくことでしか人格は高まりません。他責思考は、一時的に楽な思いができても、長期的に人生を見据えれば大損につながるのです。

そのため、社会人であるならば、相当な理由がない限りは周囲に合わせて自分を変化させていくべきです。現代の風潮に流されることなく、自分の将来のために正しい選択をしてください。

常に未来を見据えた行動をし、人格が磨かれていけば、年齢を重ね自分が責任をとる立場になったときに、スムーズに対応できるでしょう。結婚、子育て、マイホームの購入……自分の人生を豊かにするためには、責任あるステージに身をおかなければならなくなります。どんどん体力も衰えていき、転職も簡単ではなくなります。そんなときに初めて社会の厳しさ・恐ろしさを痛感するのです。

若い頃には自分の意志ばかりを通していたのが、会社や社会の意志に合わさざるを得なくなります。そして「これまで積み重ねた経験があるでしょ」と誰も手を差し伸べてくれなくなります。自分の権利ばかりを主張してやるべきことをやらなければ、必ず仇となって自分に返ってくる日が来るのです。

だからこそ、若いとき、新人でなにも知らないときに学ぶことがなによりも重要です。会社も、人も、社会も馬鹿ではありません。社会の現実を常に意識し、自分の心を強く育てていかなければいけません。
あとになって会社や人の有り難さに気づいても、もう手遅れです。小さな心がけで、人生が変わります。後悔のないように、とにかく人を大切にし、「運」を味方につけましょう。

就職と日常の心がけの話

素直さや誠実さは、時に優秀さや能力に勝ることがあります。社会人であっても、最も重視すべきはいかに他者との信頼関係が築けるか、という点にあることはほかと変わりません。結局、どこにいても、人に愛される人間であることが人生をうまく活かせるいちばんのコツなのです。

《Fさんの独白》
僕は、大学を卒業して職業訓練校へ行き、パソコンの勉強をしていました。そこで半年間学び、就職活動を行います。入社試験を受けたのは、葬儀場専門のソフトを開発している会社でしたが、僕と同時に受験されたのは、パソコンスキルが高い人ばかり。自分がいちばん知識がないと自信をなくしていたのですが、試験は実際にパソコンを使ってパソコンスキルを見るものだったため、不安はより一層増していきました。

しかし面接では、住職の教えどおりに素直さを前面に押し出し、「指示されたことを確実に行います」と強調して全力で質疑応答に臨みました。僕はそのとき自分に出せる精一杯の力を出し切りましたが、スキル不足は明らかだったので、半分諦めていました。

数日後、その会社から電話があり、結果はまさかの合格でした。入社後に面接官だった方になぜ自分が合格したのかと尋ねてみると、「素直だったから」という返答がありました。確かにパソコンスキルはほかの受験者のほうが優れていたけど、あなたは素直に指示されたことをしますと言った、そして本当に受け答えが素直だと思ったから、あなたを採用すると決めましたと話されたのです。

住職からの教えを忘れず、いつも心がけ実践したからこそ、合格が決まったと本当に感謝しています。それからも素直ということを心がけることによって、就職してからもかわいがられたと思いますし、素直さが不足していたら、もっと苦労したんだろうなということもたくさんあります。

＊＊＊

このFさんを見ても分かるとおり、新社会人にとって最も大切な力は「素直さ」です。見栄を張らず、できないことや知らないことを正直に相手に伝え、言うとおりに教えを実践できる人は、ぐんぐん伸びていきます。先輩や上司は、初めからできる人を求めているわけではありません。素直に会社の方針ややり方を身につけ、成長してくれる人材を求めているのです。まずは自分のレベルや立場を把握し、足りない部分や短所と向き合い、謙虚に教えを受け入れる姿勢を忘れないようにしましょう。

転職するときは、自分よりも周りをよく見て考える

今転職を考えている人は、なぜ自分が転職したいのかを冷静に整理してみましょう。人間関係への不満、給与への不満、将来性への不安、待遇への不満……など、それぞれ理由があると思います。

そんななかで、自信を失ってしまい、自分を責めているのであれば、考え方を180度変えてみてほしいと思います。誰しも得意・不得意を必ずもっています。ある分野は苦手でも、ある分野では大活躍する人もいます。また、それまで苦手だと思い込んでいたものが、やり続けるうちに得意に変わり、実は天職だったのだと気づく人も大勢います。

人それぞれ得意・不得意があるのは当たり前で、そこに優劣はありません。だから、仕事で苦手なものに直面したからといって、自信を失う必要はありません。

自分が不得意だというだけでチャレンジをやめてしまうことは、最も良くないことです。そして、他人と比較し、羨んだり妬んだりしていては人格を下げることにもつながります。

自暴自棄になって歩みを止めれば、自分の得意なことに出会ったり、大活躍できたりするチャンスがあっても逃してしまいます。それは「自分を証明し、挑戦する場所」であるこの世界で最ももったいないことなのです。

頭の良い人、スポーツができる人、歌がうまい人、オタクな人、今活躍しているいろいろな人にも必ず苦手があります。自分の苦手を受け入れたうえで、得意に目を向けて前向きでいれば、必ず明るい未来を切り拓くことができます。自分を信じてあげてください。

そして、いざ転職を決断した人は、知っておいてほしいことがあります。なにか大きく動こうとするときには、一旦冷静になって、自分ではなく周りをよく見ることがなによりも大切です。

もしも今の会社に迷惑をかけるような辞め方をしてしまった場合、たちまち運が崩れてしまいます。なぜならいくら自分がつらくても、他人への思いやりや配慮に欠けた行動をしてしまうと、それまでに周囲から与えられた恩や感謝をないがしろにしてしまうことになるからです。神様はそんな不誠実な決断に、力を貸すことはありません。不誠実な心がけは、いつかその心がけでつまずくことになります。

もし迷惑をかけてでも退職するのであれば、それなりの理由が必要です。すなわち大義名分といえるほどの堂々とした理由がいるということです。決して揺るがない覚悟があれば、その後の責任はすべて自分で背負いながら行動していくことで、運が味方してくるでしょう。

ただしそうでないのであれば、会社や周囲の人々に迷惑がかからないように辞めるようにしましょう。今抱えている苦しみに少しだけ耐えて、自分がやるべきことや後片付けを済ませてから行動に移すべきです。そうなれば人との縁や頂いたご恩を無駄にすることなく、新たなステップへと気持ちよく足を進められるのです。

仕事は人間関係がいちばん大切です。良好な人間関係を築けない人は、きっと転職先でも同じ不満を抱えることになります。いつでも感謝と思いやりを忘れずに他人と接することで、必ず運が味方してくれるでしょう。

転職の仕方にも良いものと悪いものがある話

転職の際にも良い転職の仕方と悪い転職の仕方があります。転職をする際は、今の会社に迷惑がかからないよう、心構えをしてから辞めることが大切です。

《Gさんの独白》

高校を卒業してすぐに就職をした僕は、給料は高くはなかったですがやりがいを持って働いていました。また、社長もとても良い方でかわいがってくれました。

しかし、会社の売上は年々落ちていくばかりで、実際、今のうちにと他社に転職する人は少なくありませんでした。そして本格的に会社の経営が危うくなると、周りの人が次々に辞めていってしまったのです。

僕自身も辞めたほうが良いのではないかと悩んでいました。気さくで優しい社長の元にいたい気持ちはありましたし、裏切るような気がして辞めるという選択は取りたくなく、長い間悩んでいました。結局自分では選択できぬまま、法ノ宮に相談に行ったのです。

そこで住職は「今、会社が苦しいときに辞めるのはタイミングとして避けたい。良くしてくれた社長は裏切りたくないので、もう少し勤めてみよう」というアドバイスをくれました。その言葉をきっかけに悩んでいた気持ちは、最後まで社長といようと固まり、覚悟が決まったのです。

それからは余計なことは考えず、必死に社長の元で働きました。するとその姿を見ていてくれたのか、今度は社長のほうから「もういいから、辞めていいから」と言葉をかけてくれたのです。あのとき社長は、自身の損得や利益ではなく、僕自身の未来を考えてくれたのだと思います。

その後転職をして、次の会社に行きました。すると給料は高く、そこの社長も僕をかわいがってくれて、よく食事に連れて行ってくれました。どうしても損得を考えてしまうのが人間ですが、それよりも人間として自分がどうあるべきなのか、どうありたいのかを優先して選択して行動したことが結果的に良かったのではないかと思います。これからも周囲に感謝し、人の役に立てるような人間でありたいと、強く思います。

＊＊＊

Gさんのように、自分の利益だけでなく他人のためを思い動ける人には、必ず良い結果が待っています。今転職で悩んでいる人や道を決めかねている人は、まず周囲の人や会社のことを考えてみると道が拓けてくるはずです。そういう人に、運は味方するのです。

受験に失敗はない。その経験をエネルギーに変えられれば、いつか成功になる

合格祈願をする学生を見ていると、全員が合格してほしいと、私は心から思います。しかし、合格する人がいればもちろん不合格の人もいます。どれだけ努力をしても、世の中にはうまくいくこととといかないことがあります。受験でいうともちろん合格すれば「成功」といえるかもしれませんが、合格することが正解になるかどうかはまた別の問題です。つまり、不合格が正解になる人もいるのです。

たゆまぬ努力の末、思うような結果を出せず、自分を責めたり自信を失ったりすることもあるでしょう。しかし不合格だからこそ得られる学びがあります。「人生は甘くない」「努力しなければならない」と、失敗したからこそ現実の厳しさを身をもって感じられるのです。この実感が、人生において非常に大事な教訓となります。並大抵の経験で得られるものではありません。

また、なかには劣等感をもつ人もいるでしょう。しかし、不合格という結果に腐らず、劣等感を原動力にできる人は、のちにとてつもないパワーを発揮します。なにごとも順調に調子よく進んできた人には得られない悔しさが、起爆剤としてプラスの方向に働くこと

があるのです。

失敗をエネルギーにできるかは、あなた次第です。いかに自分を信じられるか、未来を信じられるかが意識を変えます。

神様・仏様の目線で見ると、人生の瞬間瞬間に正解はありません。人生を全体で見たときに正解・不正解が分かるのです。だから、不合格という一時の結果に大きな意味はないのです。ただ「次はこの道に進みなさい」と神が導いてくれているに過ぎません。

また、志望校とは別の学校に進んだことでしか出会えないものもあります。クラスメイトや先輩、先生、部活動、委員会、学校行事……思いがけない出会いがあなたの人生を変えてくれるかもしれません。ですから、不合格という結果だけを見て悲観するのではなく、与えられた環境に感謝して、まっさらな目で世界を見つめられるかが、あなたの人生を良い方向にも悪い方向にも変えるのです。

そして、さまざまな学生を見ていくなかで分かったことが一つあります。それは、ご先祖様や家系を大切にしている受験生は、合格率が高いということです。祖先や家族を敬い、礼儀を学び、人の心を学んでいる子どもたちは、日頃の姿勢から違います。前向きな姿勢、地に足の着いた考え方、なにより人の話を聞き入れる素直さがあるので、地道な努力を惜しみません。だから合格率が高いのです。

今、受験を控えている人や不安を感じている人は、まずは自分を産んで育ててくれた家族に感謝し、ご先祖様を大切にすることから始めてみると、勉強の仕方に変化があるかもしれません。

人生において、どんなことでもすべてうまくいく人など一人もいません。誰しもうまくいかない経験や失敗を繰り返すものです。その経験をどう活かすのかが、人生の充実度を左右するのです。

結婚・離婚はすべて運と自分次第。相手を変えようとしない

結婚は、人生の大きな転換期です。誰と出会い、誰と運命をともにするかは、人生において大事な出来事です。お互い協力し合い、助け合って良い方向へと進んでいく、それができる相手と出会えるのが理想です。

相手を見極める判断基準の一つに、〝あなたの両親を大事にしてくれるかどうか〟、があります。あなたを育てた両親を大事にできる人は、必ずあなた自身も大事にしてくれるでしょう。

ただし、そのあとは賭けです。自分が選んだ人を信じ、運命を信じるしかありません。

そしてなにより、あなた自身の行いや気持ちが重要です。あなた自身の対応や態度で相手は変わります。だからあなたが自分自身の人生を真剣に考えて、前向きである必要があるのです。

あなたがわがままだったり、思いやりが欠けていたりすれば、誰と結婚してもうまくいくはずがありません。せっかく理想の人と結婚できたとしても、あなた自身の手で幸せを壊すことになります。ですから相手に愛情をもって、言うべきことをきちんと言わなければいけません。

逆に言えば、あなた次第で相手はさらに良くなります。愛情が深まり、今よりもっと大切にしてくれる存在になるはずです。すべては自分次第です。相手を変える前に、まずは自分の姿勢を見直しましょう。

結婚はゴールではなく始まりです。結婚後の現実は甘くありません。

だから女性の場合は、条件の良い人や自分の都合に合う人ばかりを見ていてはいけません。金銭的に豊かな人と結婚することが必ずしも幸せを約束するわけではありません。お金を稼いでいる人ほど仕事に夢中で、家にいる時間も少なくなります。多くの場合、収入が高い人は仕事に打ち込んでおり、家で過ごす時間が少なくなる傾向にあります。そのため、家庭生活に十分な時間を割けないこともあり、家族との絆を深めることが困難になることもあります。その覚悟があるのなら良いですが、目先の欲望で大事なパートナーを選べば、あとで寂しい思いをするのはあなたです。

重要なのは、どのようなことを自分の人生の幸せとするかを真剣に考えることです。温かい家庭を求めるか、裕福な生活を求めるか、理想と現実は常に一致するわけではありません。自分の価値観に基づいて、最適なパートナーを選ぶことが、後悔のない人生を送るための鍵となります。

そうはいっても、人生はなにが起こるか分かりません。幸せな結婚生活が破綻し、離婚という結果になってしまうこともあります。離婚を決心するには相当な勇気が必要です。子どもがいればなおさら判断が難しくなります。自分の思いと親としての責任、さまざまな出来事が絡み合い複雑化します。

そんなときは、子どもを第一に考えて判断してほしいと思います。子どもにとって親は特別な存在です。だからこそ自分だけの感情を優先するのではなく、子どもを中心によく考えるべきです。今すぐ子どもに感謝の気持ちが生まれなくても、大人になれば必ず親の気持ちを理解できるときがきます。そのときまで、自分を信じ続けることです。

自分のいろいろな感情は一旦抑え、子どものためになる選択をとり続けていれば、その姿を見ていた神様が必ず力を貸してくださいます。無理に我慢を続ける必要はありません。しかし、自己中心的な決断ではないか、本当に子どものためになるのか、と自問自答を繰り返すことが大切なのです。

反抗期は思春期の苦しみと親への不信感

大人への成長段階で、誰もが反抗期という時期を通ります。必ずしも親だけでなく、学校の先生や部活の顧問など、周囲の大人になにかと反発したくなります。

あんなにかわいかった我が子に無視されたり、「うるせー」「ババア」「ジジイ」と罵られたりしたらショックを受けることと思います。小学生までは大人の言うことに素直に従えても、中学に上がってある程度のことが分かると、大人の言うことはおかしいと感じるようになるものです。

そもそも子どもの可能性というのは、親が環境や機会を用意してあげなければ決して広がりません。習いごとや勉強など、幼いうちは親の判断がなければ成立しません。だからこそさまざまな道（選択肢）を提示して、経験させてあげる必要があります。子どもにいろいろな道があることを教えられるのは、親しかいません。ここで私が伝えたいのは、それほど親の存在が大きな影響を及ぼすということです。

子どもは親を見て学びます。子どもにとって親は、まるで神様・仏様のような絶対的な存在で絶対的な味方なのです。自分を守ってくれる、大事にしてくれる存在は親しかいません。その親が言っていることとやっていることがあまりにも違えば、もちろん混乱します。矛盾していて理不尽なことを言ったり、子どもの愛に応えられなかったりする親に対して、反発へと変わるのは当然のことです。

子どもは親の矛盾に気がついたとき、なぜだろう↓おかしいな↓間違っている、と気持ちが変化していきます。子どもから大人へと体も心も変わろうとする思春期と重なり、反抗していくのです。

大人の矛盾によって反発心が生まれた話

思春期の子どものなかには、両親ではなく周囲の大人の言動に対して反発心を抱く人もいます。世の中、尊敬できる素晴らしい大人だけがいるわけではありませんが、もしかしたら自分の些細な言動が子どもに不信感を与えてしまう可能性もあります。そんな経験をしたHさんのお話は、大人としての在り方を改めて見つめ直すきっかけとなるでしょう。

《Hさんの独白》

私自身、大人の言っていることとやっていることが違うという状況に直面し、反抗したことがあります。私が中学生の頃、同じクラスに不良がいました。しかしあるとき、その不良が突然学校に来なくなりました。すると担任の先生が「クラスの仲間が来なくなったのに、お前らそれでもクラスメイトか！」と言って、手に持っていたボールペンを投げたのです。それが私の手に飛んできて、指から血が出てしまいました。そのとき私は、不良にいじめられて苦しんでいる友人、学校に来られなくなった友人がいたことを思い出しました。つまり、彼らが学校に来なくなったことで救われた人が、確かにいたのです。

もちろん担任が言っている意味は分かります。しかしそれだけが正義ではありません。中学生の私は、その瞬間から担任への反抗心が生まれました。

思い返せば、私は両親に反抗したことはありませんでした。なぜなら私の親は、言っていることとやっていることが同じだったからです。私のために自分を犠牲にして一生懸命に育ててくれた人に対し、反抗しようと思えなかったのです。むしろ尊敬の思いしかありませんでした。

しかし、担任の先生のその一言がきっかけで、大人に対する不信感が生まれたことは事実です。苦しんでいる人がいる一方で、救われる人もいる。当時の私は未熟ながらに、「正義とはなにか」を必死に探していたように思います。

＊＊＊

このHさんのエピソードは、きっとそれぞれに「正しさ」があり、担任の先生も悪気があって発した言葉ではなかったでしょう。しかし、見える世界が狭まっており、一方的な価値観を子どもたちに押し付けてしまったのかもしれません。その事実に気づかず、自分は大人だから、経験があるからと上から目線の態度を改めなければ、溝は深まるばかりです。

もし、今あなたが子どもの反抗期に苦しんでいるなら、まずは自分の行動を顧みてください。もともと子どもは生まれたときから親を愛しています。イライラしたり、八つ当たりしたりするようになったのには、必ず原因があるはずです。思春期の子どもにただ不満を抱えるのではなく、同じ目線になって理解してあげてください。親だからといって上から目線で説教するのではなく、もしかしたら自分に原因があるかもしれない、と素直に正直に話してみてください。そして、愛をもって向き合ってください。その思いは必ず子どもに伝わります。

いつか子どもが成長して大人になると、親も完璧ではないこと、間違えることもあると理解するようになります。そうした理解が深まることで、親への底知れぬ感謝の念が湧いてくるものです。こうしてかつての反抗心は消え失せ、尊敬へと変わるのです。

そんな未来のために、子どものためにできることを一生懸命実行していくことが大切です。そうすれば必ず報われるときがくるはずです。

思春期に引きこもっていた人が、前向きに歩めるようになった話

思春期は誰にとっても難しい時期です。さまざまなことを知っていきながらも、自分自身のことを模索し、多感になってしまいます。また、いろいろなつらいことが重なると、塞ぎこんでしまう子も大勢います。最近では、学生の引きこもりが増えており、本人だけでなく家族も苦しめられているようです。しかし、一度逃げてしまったからといって、そこで人生が失敗になるわけではありません。人間はいつでも立ち上がることができ、前に進むことができるのです。実際、法ノ宮にも思春期の子どもに対する相談は多くありますが、必ず前向きに人生を歩めるようになっていきます。

《Iさんの独白》

私は小学6年生の頃から学校へ行けなくなりました。中学校へは始業式の日に行っただけで、一日も通うことなく、自分の写真の載っていない卒業アルバムを受け取りました。

ある日、小学校のときの同級生の女の子たちが、セーラー服姿で先生から頼まれたプリントを持って私の家を訪ねてきました。彼女たちの口からは私の知らない子の名前が、次

から次へと出てきます。会うたびに成長していく友達が輝いて見え、遠い存在になっていくのを感じていました。それから友達が私の家に足を運ばなくなるのに時間はかかりませんでした。いつしか私は知らないうちに社会から孤立したような感覚に襲われるようになっていました。

母は、そんな私を変えようといろいろな人に会わせましたが、私はかたくなに心を閉ざし続けました。当時の私はただ命があるから生きているだけの状態だったと思います。そんな抜け殻のような私に祖父は「人間のクズ」と言い放ったこともありました。

しかし、そんな祖父を責める気にもなれず、そのとおりだと思ってしまい、涙がとめどなくあふれ出て、部屋に戻って布団をかぶって泣いていました。生まれてこなければよかった、私はなんのために生まれてきたんだろうと、耐えられない寂しさと不安でだんだんと平常心を失ってゆきました。

そんなとき、家のポストに振袖の広告のはがきに交ざって、成人式の案内のはがきが届きます。気づけば私はもう20歳になっていたのです。しかし私自身は小学生のまま置き去りにされたかのようで、現実を受け入れることができませんでした。月日が経つにつれ、時を失うだけでなく、人間らしさをも失ってゆきました。

ある夜、突然自分の体が内側から異常に冷たくなっていく感覚に襲われました。「私は本当に死ぬのだ」と思ったそのとき、無性に母が恋しくなったのです。ベッドで休んでいる母に、「助けて、死ぬかもしれない」と必死に生きようとしているもう一人の私が言いました。

母は気が動転しながらも、今まで会ってきた人々の名刺をたくさん出して私に見せてきました。数ある名刺の中で私が手に取ったのが法ノ宮の名刺でした。

翌日、さっそく母に連れられて法ノ宮を訪れました。

そこでお話を聞き、次の日からは行（21日間お寺、もしくは自宅の神棚、仏壇の前で南無一切法蓮経を唱えること）に入り、それから毎日通うようになりました。そんな行の初めての満願の日は法要でした。このとき、初めて住職と会ったのです。

笑顔を見せず暗い表情の私に対し、住職は終始笑い続けました。そこで与えられたのは、意外な言葉でした。住職は「わがままをしろ」と言ったのです。そして、「遠慮せずに出されたお茶を飲んだり、お菓子を食べたりして帰りなさい」と言い、無理なことや厳しいことは一切言いませんでした。

法ノ宮に通いだして1カ月が過ぎた頃、私は住職の誕生日に本山へ行きました。そこで任されたのはバースデーケーキを運ぶ大役で、住職にケーキを差し出すと、私の手を両手で包み込んで「ありがとう」と握手をしてくださいました。ろうそくの暖かな明かりのなかで、戸惑いながらも温もりを感じました。それから私は、徐々に人間らしさを取り戻していったような気がします。

3カ月を過ぎた頃には働けるようになっていました。半年が経つと講習会に参加できるまでになり、今年に入ってからは車の免許を取ることができたのです。暗く閉ざした思春期には思いもしなかった世界が、次々に現れてきたのです。

行をし、住職と話し、正面から自分と向き合って過ごしたこの一年は、私が生きてきたなかでいちばん豊かな年になりました。

＊＊＊

誰でも失敗や間違いを犯すことはあります。時には逃げ出し、孤独に苦しむこともあるでしょう。

しかしそこで終わりではありません。暗闇のなかでも、今の自分を変えよう、前に進もう、と必死に踏ん張る人に、必ず運は味方します。人間にとって、諦めがふさわしい時期などありません。何歳になっても人生は思いどおりに変えていけるのですから。

難病を抱えた子どもをもった親が、自分の勇気と覚悟を育てた話

「子は天からの授かりもの」という言葉どおり、神から与えられた奇跡である子どもですが、さまざまな理由から大きなストレスを抱えてしまう親御さんはたくさんいらっしゃいます。それもまた自ら選ぶことができない運命ではあるものの、前向きに考えられるような単純な話ではありません。その現実をどう受け入れ、子どもの未来とどう向き合っていくかという難題に悩む人は大勢いるでしょう。難病のお子さんを授かったJさんのお話は、そんな苦しみを抱える人々のヒントとなるはずです。

《Jさんの独白》

私には、難病を抱えた2人の息子がおります。子どもたちは筋肉の発達がとても弱いため、歩くことができません。私は3人目の子をお腹に宿していましたが、息子たちのことを思うと、どうしても勇気が出ず、断念せざるを得ませんでした。

法ノ宮にお参りに伺ったのはこのような困難が続く最中でした。主人も私自身も、我が子に不自由な思いをさせてしまって、申し訳ない気持ちで過ごしており、この子たちを助

けてやりたいという一心で行を始めるようになりました。

行のなかで住職から頂く言葉をありがたく受け止めると、親としての勇気が生まれ、心強い気持ちになっていきました。日々、行をさせて頂くうちに、心がとても軽くなり、気持ちも明るくなり家族の夢と希望が湧いてきたのです。

しかし人生は困難の連続でした。息子たちは、生命が危ないという状況に幾度もあい、そのたびに救いを求め、すがる思いで行をしておりました。苦しそうな息子たちの姿を見て、死んでしまうのではないかという恐怖に襲われる毎日で、身も心も疲れきっていました。心に余裕がなくなってくると、旦那を責め、ケンカすることも増えていました。

そのようなとき、住職から「優しくなりなさい、許しなさい」というお言葉を頂き、ハッと気づかされ反省しながら毎日を過ごすようになりました。「この子たちは、自分で歩けなくてもいいからあなたたちのところに生まれたいと望んで来たんだよ」との教えも心を打ち、こんな自分でも息子たちは私を選んで生まれてきてくれたことを痛感したのです。

1年が過ぎる頃、私のお腹には新たな命が宿っていました。以前のような不安な気持ちはなく勇気と決断ができたのは、神仏混合神様、住職のおかげです。平成18年12月、無事に安産で五体満足に、待望の女児が誕生しました。現在2歳を目前に、毎日走り回って元気に過ごしています。親としてこれほどの喜びはありません。

親子とは、あの世でお互いを選び、約束のもとに今この世にいるのです。だからこそ親は、子どもに選ばれたことに自信をもち、幸せにする覚悟を決めるべきなのです。

＊＊＊

親しい人との死別は、人格を磨くための試練

死別は人生で避けられない経験です。誰もがいつかは大切な人との別れを経験し、最終的には自分自身も死を迎えます。だからこそ、これは避けられない現実と正面から向き合うほかありません。

しかし、自分自身の死よりも、愛する人の死との対峙はさらにつらいものです。どんなに頑張ってももう二度と会うことはできません。まさに心に大きな穴が空いた感覚で、人生でこれ以上つらいことはないでしょう。

悲しみや苦しみだけでなく、自らの人生にも絶望し、立ち上がる気力さえ失う、こんなつらい思いを、なぜ皆が経験しなければならないのでしょうか――それは、この世の摂

理、人生の学びとして与えられているからです。苦しいことですが、最大に愛を学ぶことのできる瞬間として死があります。ほかの出来事とは比べられないほどの苦しみだからこそ、あなたの人生において必要なのです。

その経験で愛を知り、人の苦しみや悲しみを知ることこそが人を大きく成長させ、人格を磨く機会となります。しかし、その苦しみに負けてしまえば、どんどん心が小さく弱くなってしまいます。

大切な人がなぜ死んだのか？　それは「あなたのために死んだ」という一つの意味合いもあるのです。あなたを大きく変えるために、成長させるために、あなたを自立させるために、あなたを強くするための試練として与えられたのです。神様は、あなたにとって意味のある試練しか与えません。

だからこそ、親しい人との死別をきっかけに、あなたは大きくならなければならないのです。反対に小さくなってしまったら、亡くなった方が悲しみます。

とはいえ、完全に乗り越えることはできませんし、すぐに動き出すのはとても難しいことです。無理に忘れようとしたり、必死に乗り越えようとしたりしなくていいのです。失ってしまった悲しみや心の痛みを抱えたまま、今やるべきことを精一杯こなしていけばいいのです。大きな悲痛を抱えながらも必死に生きている人は、本当に強くなれます。

そして、あなたと同じように悲しみや苦しみを抱えている人が世の中にたくさんいることを忘れてはいけません。親しい人を亡くしても、決してあなたが一人ぼっちになるわけではありません。ＳＮＳなどで自分と同じ状況にある人とつながってみるのもいいでしょう。同じ境遇にいる同士で、悲しみを分かち合うことができるはずです。

もしも今なにをすべきか分からない人は、まずは人のためになる、役に立つ行動を意識すると、少しずつ心の穴が小さくなります。生きる意味や目的をもつことが、人を強くするのです。つらくても行動を止めず、力強く歩もうとするあなたのそばで、きっと亡くなられた方もほほえんでおられます。

大切な人を失い希望をなくした人が、一歩踏み出した話

大切な人との死別でつらい思いをするのは誰でも同じです。ただそんな経験を「活かし」、心を大きくしていく人も大勢います。

《Kさんの独白》

10年ほど前に私自身の生活と人生を頼り切っていた主人を急病で失いました。それからというもの毎日が寂しく、心細く、孤独に押しつぶされていました。

そんな私の人生が、住職に話を聞いていただき、行とお詣りをするうちに少しずつ変わり始めたのです。主人を亡くした当初は、人との距離を作り、他人を信用できず、それゆえに苦しい体験をしてきました。しかし、法ノ宮に通い強く信じられる存在に出会ったことで、心も体も救われ、軽やかに生きられるようになったのです。

それまで、なにかを信じる心のなかった私です。人生で唯一信じられたのが主人だけでした。でも信じよう、信じたいと念じながら、ただただ毎日のようにお詣りを続けました。努力すること、我慢すること、そして愛する心、思いやる心、許す心、尽くすこと、その大切さを一つずつ学んでいきました。その努力の末、今は将来への不安が一切なくなり、夢と希望をもって忙しく充実した人生を送れています。

＊＊＊

大切な人との別れは誰もが経験することです。その苦しみを乗り越えることは、人生で最も過酷な試練であるといえるでしょう。しかし、Kさんのように一歩ずつ足を踏み出し、新たな生き方や心構えを学んでいくことで、確かに光明が差すのです。悲しみに慣れるには時間がかかるかもしれませんが、前を向こうと努力する人には必ず神が手を差し伸べてくださいます。

死がまったくの終わりなら、生きることに価値はありますか？

死がまったくの終わり、天国という先はなくあなたの存在はこれで終わりだと想像してください。良いことをしても悪いことをしても、善も悪もその先に影響はありません。だから誰を傷つけようと関係なく、傷つけられた人の存在も、あなた自身の存在も、まったくが無になります。そうなれば、あなたが生きた人生に価値がないことになります。

頑張ったこと、人を愛したこと、乗り越えたこと、親切にしたこと、誰かの犠牲になったこと、あらゆる行いに意味がなくなってしまうのです。

そんな無駄な人生を生きる意味はあるのでしょうか？　死後の世界（＝天国や地獄）が信じられない人は、この虚しい現実を生きていることになります。

あの世はあるのか？　死後の世界はあるのか？　その存在を問うよりも、「天国があってほしい」と信じたほうがいいのではないでしょうか？　あの世が存在することも、魂が続くことも証明できません。しかし信じた人のなかには、確実に存在するのです。その人は、自分が生きる人生の意味や価値を自分で見つけることができます。「なぜ生きているのか」という問いに、自ら答えが出せるのです。

あの世に行って本当に素晴らしい世界が広がっていたら、自分では想像もできない美しい世界に行けたら――そんな希望こそが、生きるうえでの行動指針となります。

肉体という箱から飛び出した魂は、永遠に生き続けます。だからこそ、私たちは生きているうちに魂を育てなければなりません。肉体から解放された魂は、喜びに満ちた世界で自由に生き続けることができます。そしてそこで先に飛び立った人々に再会し、伝えられなかった感謝を伝えることも、永遠に一緒に暮らすこともできます。

自らの死と向き合い、死後の世界を信じることで、「終わり」がなくなります。つまり制限がなくなるということです。ずっと続いていく長い未来のために、豊かな選択を選ぶことができるのです。

その先に続きがあるから意味を成し、価値が生まれます。この世に意味のないものなんてありません。死は生の始まり、生きているからこの世があり、死があるのならあの世があるのです。死ぬから始まりがあるし、終わりがあるから始まりがあるのです。

死と向き合ったことで、生に対する意識が変わった話

生きているなかで、死に直面することはそう多くありません。しかし、実際に死を意識したことで、自分の魂の未来について考えるようになった人は大勢います。そんな経験を経て、死を恐れるのではなく、死を活かすことに気づくこともあります。

《Lさんの独白》

ある時期、身体の不調が続いていた私は、なにかおかしいなと違和感のある毎日を送っていました。するとある晩のこと、突然気分が悪くなり、その不調が全身を覆うように広がって、そのまま意識を失ってしまったのです。私は医療関係者だったため、自分の身体に起こったことをよく理解していました。このまま死んでもおかしくない、と思うほど危険な状態でした。

しかしその体験を機に、死は恐ろしいものではないと感じるようになりました。意識を失って倒れるとき、確かに死が近くにありました。「死ぬときの感覚ってこんな感じなんだな」、とやけに冷静な自分がいたのです。

容体が落ち着いて入院したときには、すでに考え方が変わっていました。なにより大きな変化は、時間には限りがあると強く意識したことです。当たり前のことなのに、それまで感じることはありませんでした。

この死を感じた経験が、時間の大切さをより感じさせてくれ、生きることに対する姿勢が変わっていきました。家族のことを第一に考え、限りある時間のなかでなにをしなければならないかを考えて過ごすようになったのです。娘のこと、家業のこと、孫たちのこと。自分がいついなくなってもやっていけるように、伝えていくことや段取りをつけ、未来に向けた準備を始める喜びを感じています。

《Mさんの独白》

あるとき妻は、年の初めに私が死んでしまう夢を見ました。軽く考えていた私は「夢なんだから気にするな」と話しましたが、妻はどうしても気になるといって聞きません。

そこで私は妻に連れられて、法ノ宮に行くことになりました。すると、実際にその場で住職から「今のままでは家族が壊れ、お前は死ぬぞ！」と思いがけない言葉を聞いたのです。しかしそのときの私は、「家族のために一生懸命に頑張っている自分が、なんでそんなことを言われなければいけないのか！」と、激しい反発の気持ちが生まれました。

しかし住職は、「どんなに反発しようが、あなたの奥さんや子どもたちのためになんとしても命は救う」と強い覚悟を伝えてくださいました。けれど、それでも私の気持ちに一切変化はありませんでした。

ところがその数カ月後、あのときの夢が現実のものになったのです。私が事務所で一人仕事をしていたときに、突然、激しい胸の痛みに襲われました。あまりの痛みにのたうち回り、助けを呼ぶこともできません。どうしようもない状況のなかでは、なにを考えることもできず「神仏混合神様！　命をお助けください！」と、すがる思いで願っていました。すると痛みが少し和らぎ、救急車を呼ぶことができました。病院に運ばれた私は、心筋梗塞であると告げられました。ようやく連絡が取れた妻は、すぐさま法ノ宮へ様子を連絡し、そちらではすぐに千願行をかけることになったのです。

命を救っていただいたものの、自分では、教えというものや信仰心についてなに一つ分かっていないと感じているというのが、実際のところでした。まだ疑いの気持ちが晴れない私は講習会に参加し、その場で住職の姿を拝見した途端に、なぜか涙が止まらなくなるという不思議な体験をしたのです。その際の話のなかにあった「人は皆、生きるなかでさまざまな罪を犯す」ということについて、私は今まで生きてきたなかでの大罪とはなんだろうと初めて考えました。

実は私は、４年前に開業した当時は、家族との時間を大切にして、少しずつ着実に頑張っていこうと思っていました。しかし、時が過ぎ、軌道に乗ってくるにつれ、いつの間にか家族に対して「自分は家族を守るためにもっと頑張らなくてはならないから、もっと協力してくれ」と思うようになっていました。そんな自分に家族は気を使い、取り残され、寂しい気持ちでいることに、私は気づかぬふりをして仕事に没頭していたのです。

私は家族のためと言いながら、本当は家族を犠牲にして、自分のために過ごしていたのだと深く反省をしました。感謝の気持ちを忘れ、反発していた自分が情けなく「お許しください」と心の底から後悔しました。講習会での貴重な気づきが、新しく生まれ変わろうと進んでいる私にとってなによりも大切なきっかけになったことは間違いありません。

＊＊＊

Mさんは、死を間近に経験したことで、夫婦で協力して子どもを育て教育していくこと、家族を大切にすることの重要性を改めて痛感し、今では大きな幸せを感じながら暮らせているといいます。当たり前のことのようでも、実際に死に直面しなければ分からないこともあります。日々のなかで常に死を意識し続けるのは難しいことですが、死と向き合う姿勢、死を恐れない姿勢、死から逃げない姿勢は、人生においてとても大切です。

第3章

愛とは、命とは――すべてを受け入れることがより良い「生」につながる

感情があるから苦しくなる。しかしだからこそ尊い

腹の立つことが一つもない、悲しいことが一つもない日なんてなかなかありません。生きていれば、誰だって嫌な思いを経験します。そんなときに苦しみを感じるのは、私たちに感情があるからです。悔しい、悲しい、虚しい、惨め、情けない、恥ずかしい、怒り、苦しみ……こうした心を引き裂かれるような痛みは、心が活発に動いているからなのです。

そんなつらい思いを、あなたの父や母、きょうだい、子ども、祖父、祖母も経験しています。家族のため、あなたのために嫌な思いをしたこともあるでしょう。

父親は会社で頭を下げ、大変な思いや、悔しい思いをたくさんしているはずです。それでも家に帰ってきてからはなにごともなかったかのように家族と夕食を食べていたのかもしれません。休日には、疲れを感じながらも家族のために運転し、ショッピングモールや遊園地へ連れて行ってくれたこともあるでしょう。

それは母親だって同じです。痛い思いをして命を懸けてあなたを産み、寝る間も惜しんであなたを育ててきました。仕事に家事に、大変な思いをしながらも、それでもあなたの

食事を作り、洗濯をし、部屋を掃除してくれています。

あなたを大切に思う両親は、きっと自分の欲しいものややりたいことを我慢して、あなたを最優先に動いてきたと思います。そしてあなた自身は、そんな事実を知らずに日々を過ごすことができているのです。

そう考えると、両親の苦労がありがたく、尊いものに感じてきませんか？　自分のために、家族のために感情を抑えて行動してくれていたことに胸が締め付けられ感謝があふれます。同時に申し訳ない思いも生まれるでしょう。

だからこそ、感情は尊いのです。たとえ負の感情であっても、それは誰かのためかもしれないし、誰かへの申し訳なさなのかもしれません。人間が抱く苦しみの感情は、決して自分勝手なものだけではありません。そもそも自分のことだけ考えている人はつらいことから逃げますし、人のために動きません。そんな尊い感情を抱いている時点で、あなたは素晴らしいのです。

感情があるから人間は苦しみます。しかし苦しみは、自分を成長させてくれるものでもあります。例えば、他人に馬鹿にされたり、裏切られたり、騙されたりと、自分に害を与える人に対して腹が立ったり悲しい思いをしたりしたとき、人はまず「考える」ことをします。自分の心を探り、よく考えて悩むのです。そして悩んだ末に、自分なりの解決策や答えを見つけるでしょう。その時点で、前の自分とは違う自分になっています。

この苦しみに向き合っている過程こそが心を鍛え、成長させます。一方で苦しみから逃げたい人は、すぐに考えることをやめてしまいます。考えたくない、悩みたくない、面倒だから、自分の心を誤魔化すのです。挙げ句の果てには、人のせいにして問題を放棄します。そんな具合では、成長するどころか感情の動きが鈍っていってしまいます。苦しみのない人は、起伏のない、単調な人生を送ることになります。

だからこそ苦しむことはとても尊い行為であり、大きな価値があるのです。苦しみに立ち向かい続ける人は、知らず知らずのうちに人格がどんどん磨かれていきます。苦しんだ分、うれしさや楽しさをかみしめ、感謝できるようになります。

今苦しんでいる人は、自分に自信をもっていいのです。人のために行動できる、嫌な思いをしてきた自分に誇りをもつべきです。誰かにとってあなたは尊い存在であり、感謝される人です。だから自分のためだけに生きず、尊い行為をやり続ける素晴らしい人間であり続けてください。

欲はあってもいい。その欲に溺れないことが大切

人間がもつ感情の一つに欲望があります。

出世したい、おいしいものが食べたい、好きなものを買いたい、褒められたい、慕われたい、守ってあげたい……「したい」「欲しい」と思う心は、すべて欲です。

欲望は邪魔なもの・いけないものだと考える人がいますが、決してそんなことはありません。欲は、現状をより良くするため、自分の心をさらに満たすために生まれる感情であり、欲しいと望む心こそが、生きるエネルギーとなります。つまり、欲があるから人は希望をもつことができ、努力することができます。そしてそれが達成されれば喜びに変わります。逆にいえば、欲のない人生は、喜びのない人生と同じことなのです。

人間は欲がなければ生きていけません。なぜなら、生きたいと思うことさえも欲だからです。その欲を失えば、生きる意味を見失ってしまいます。人間が生きている限り、あらゆるものが欲なのです。欲によって人間が生かされ、欲によって社会が成立しているということです。

だから「大きな欲」をもつことを恐れてはいけません。むしろ欲が大きければ大きいほど、喜びも大きくなります。大金持ちになりたい、大成功したい、大豪邸に住みたい、大きな欲（夢）がもてれば、それに向かって大きな努力をするでしょう。誰よりも苦労し、つらい思いをした人にしか叶えられない夢ということは、その過程で得られる学びや成長も、それ相応に大きな価値があるものです。だから「欲にまみれた汚い人間だ」と他人に蔑まれたとしても、気にする必要はありません。それでいいのです。

しかし、欲に溺れてしまってはだめです。溺れるとは、欲に熱中して我を見失っている状態をいいます。欲に溺れて感情を抑制できなくなり、心の豊かさを失うことがいけないのです。大きな欲をもってもかまいません。ただし、自分に害のある欲ではないか見極めることが大切です。

例えば、人のためになりたいという思いから起業したのに、成功した途端お金が自由に使えるようになったり、他人からちやほやされたりすることで、欲に溺れていく経営者はたくさんいます。起業した当初は抱いていた社会貢献という目標をあっという間に見失ってしまうのです。

環境に溺れて我を失うと、本来の自分ではなくなってしまいます。傲慢になり、他人を見下し、調子に乗る……これでは人格を下げるばかりです。

そのまま浮かれ続けていれば、いずれ経営は立ち行かなくなります。しかしそんな状況になっても、これまで人を大切にしてこなかったために、誰も助けてくれなくなるのです。つまり、それまでに培ってきたものはすべて崩れ去り、また振り出しの状態に戻ってしまいます。そうなればもう手遅れです。

家族でも同じことがいえます。子どもを愛しているがゆえに、良い大学に入って、良い会社に就職し、お金を稼いでほしいと願うのが親の心です。しかしその欲望が、子どもの心を無視した自分勝手な望みであれば、相手を苦しめるだけです。幸せになってほしいという一方的な思いが、ときに子どもを不幸にすることもあるのです。親の欲望を押し付けすぎた挙げ句、その期待に応えられない苦しみから劣等感を抱いてしまう恐れもあります。反対に、親の期待に応えられた子はうぬぼれてしまうかもしれません。どちらに転んでも、いずれその子を苦しめることになるでしょう。

そんな悲しい結末を迎えないためにも、常に心を保つことが大切です。どんなに大きい欲望であっても、欲はあっていいのです。ただし、心の豊かさを失わないように気を配らなければいけません。自分の心と向き合い、本来の目的を思い出す、その努力が絶対に必要です。

すべてを失い手遅れになる前に、心を豊かにする選択をとり続けることを忘れてはいけません。その意識が、幸せな人生へ導いてくれるでしょう。

愛のなかに慈悲がある。この世で最も慈悲深いのは仏様

愛と慈悲は、似たような意味合いで使われますが、実は大きく違います。仏教において、愛は煩悩の一つとして、慈悲は無償の愛としてそれぞれ異なる側面でとらえられてい

ます。

愛には、いろいろな心が含まれています。相手を心から大事に思い、幸せにしたい、喜ばせたい、与えてあげたい。そんな人間の純粋な感情や欲望から生まれた大きな心が愛です。

しかしだからこそ、愛するがゆえに嫉妬に狂い、自分だけのものにするために束縛し、思いどおりにならない怒りや悲しみに苦しめられるものです。これらの醜い心もすべて、愛ゆえの心なのです。

その愛の苦しみから、学び成熟させることで、本当の愛が生まれます。その純粋な愛を体現された方が、イエス・キリストです。生きて本物の愛を捧げ、やり遂げた方です。

この大きな愛の一つの形として慈悲があります。慈悲は、人知れず愛する人のために犠牲になること、何十年何百年何回生まれ変わってきても助ける心、見返りを求めず他者を思いやる心を指します。これが「佛（仏）の心」「佛の愛」もしくは「母心」ともいえるでしょう。

母親は子どもに対して、健康で元気に育ってほしい、立派になってもらいたい、人を助ける心豊かな人間になってほしい……と心と体の両面の成長を願います。子どもの未来を思い、ときには厳しく、あえて苦労させることもあります。たとえ相手が気づかなくても、自分を犠牲にしながら陰で支え続ける、それが慈悲の心であり、母の心です。

慈悲深い人は、たとえ相手が自分でなくても、その人が幸せであることを心から願います。自分のために相手を思うのではなく、純粋にその人の幸福を望んでいるのです。だからこそ、本人がどんなに苦しく泣き叫んでいる状況でも、その人のために心を鬼にして試練を与え、つまずいたときにはそっと手を差し伸べようとします。見守っている側の人間は、どんなに苦しいことでしょう。だから慈悲は「悲」と書くのです。

この世で最も慈悲に満ちているのは仏様です。天から見守ってくださっている仏様は私たちの幸せを真剣に願っています。しかし私たち人間は感情で動き、自分勝手な考えで自ら苦しいほうへ進んでしまいます。仏様は、そんな私たちの苦しむ姿を泣きながら見ておられるのです。

未熟で愚かな人間を静かに見守りながら、気がつくのを待ち、試練を与え、良いほうに進むように促してくれています。苦しい道ばかり選ぶ人間を見て心を痛め、それでも諦めずに何度でもチャンスをくださり、いろいろなことを教えてくださっているのです。それが佛の心です。そんな慈悲に満ちた存在は、ほかにありません。

愛は、身を投げ出して相手を助ける、他人の罪を背負って死ねる、それらを身をもって達成します。愛を説いたイエス・キリストは、正に身をもって愛を体現してみせました。

愛にはさまざまな形がありますが、守り導き犠牲になる心がその一つです。例えば、ピエロを想像してみてください。

サーカスのピエロは、客を笑わせること、客に笑われることが役割です。悲しいときも苦しいときも、いついかなる理由があろうと客を楽しませなくてはいけません。

しかし、ピエロと客は決して対等な立場ではありません。一緒に楽しんでいるように見えて、実はピエロが自己犠牲になっているだけで、同じ場所に立って楽しさを分かち合うことも共有することもない、とても孤独な立場にいるのです。顔にペイントされた涙のメイクは自分の心を隠すためであり、必死に笑顔でおどけて客を楽しませようとします。ピエロがメイクに涙を描くのは、泣くことのできない自分の涙を描いたものです。人のために自分を犠牲にできる、愛にあふれたピエロは実はとっても悲しいのです。

慈悲と愛は、女と男、水と火のような関係性であり、性質や役割がまったく違います。慈悲が女なら愛は男、育てる心と守り導き犠牲になる心です。上も下もありません。神様と仏様ほどの違いです。神様が人間を作り、仏様が息を吹き込んだ……愛も慈悲も、私たちに必ず備わっているのです。

心を活かす生き方が善を生む

「善」と「悪」を決めるのは、実はとても難しいことです。どこまでが善でどこからが悪なのか――。その尺度は人や状況によってまったく異なるため、当たり前のように悪だと思っていることが実は善であることがよくあるのです。

私が考える善悪を判断する基準として「活かす」というものがあります。

例えば、夫の顔色をうかがい、言いたいことも言わずに黙って息をひそめて生きることは、良くないことといえます。なぜならこの行動は、本心を殺している状態なので、心にとっては悪なのです。また、自分の思いを伝えること、しっかりと主張することが、夫にとって善になる場合もあります。反対に、夫にわがままを押し付けて心を傷つけ、遠慮をさせるようであれば、それは悪です。一時的にあなたの心が楽になっても、その分相手に負担がかかっていることになりますから、心を殺すような選択は悪となるのです。

笑顔で〝活き活き〟とはつらつとした心で生きることこそ、善の人生です。もし自分を押し殺していると感じたら、相手の心を考えたうえで自分の意見を伝えるべきです。自分の心が活きるか、それによって相手の心も活きるかで善か悪かが決まるのです。そのため、神経質に善悪を考えながら生きる必要はありません。ただ「活きる」ということを心がけていればいいのです。

ただしこれを実践するためには、自分の環境に不貞腐れてはいけません。自分の心を殺す場面や状況は、そこら中にあります。一流大学を出た人、お金持ちの家に生まれた人、容姿の良い人、そんな環境が違う人と比べて自分を卑下したり投げやりになったりしては、人格を下げるばかりです。世の中には、百通りの生き方があり、百通りの価値観があります。多様な人間が集まってこそ社会が成立しているわけですから、あなたはあなたらしく生きればいいのです。自分に自信をもって行動を起こし、自分を活かし続けてください。決して自分を殺すことなく、可能性を信じて前に進んでいれば、その道は善となります。

そして、世の中には活かすことのできる人と、活かされる人がいます。立場や状況によって変化していきますが、例えば会社であれば入社したての新人社員は活かされる立場となるでしょう。課長や係長といった上の立場の人は、自分のチームの社員をまとめ、売上を伸ばしていくという目標があります。重要な役職に就いている人は、会社側から目標達成の方向へ導く力があると認められて、任命されていると思います。課長、部長と役職が上がっていくにつれて、その期待は大きくなります。より多くの社員をまとめ、それぞれの力を活かす知恵がある人間だろうと信頼されるわけです。

これは親子でも同じです。子どもの明るい未来を実現し、温かい家庭を築ける人は、

「これの行動や言葉で、相手は活きるのか?」と深く考えている人です。相手の心を考えて自分の態度を顧み、そのうえで自分自身の心も大切にできるからこそ、家族からの信頼を勝ち得ているのです。

つまり、自分が上に上がっていくため、より大きくなっていくためには、「知恵」と「経験」と「人格」が必要だということです。活かされる立場にいた人は、のちに活かす人へと成長していきます。今自分がおかれた立場や環境は変化し、いずれ同じ立場の部下や後輩を育てることになります。家庭でもそうです。活かされる立場にいた子どもは、いつか新たな家族を作り、活かす立場に立ちます。その成長サイクルを意識してみると、他人との接し方や自分自身の在り方が分かるでしょう。この機会に、「活かす」ということを物差しにして、人生を見直してみてください。

「活かす」という判断基準で人生が変化した話

人は、ある言動に対し善か悪かを意識しすぎてしまう傾向があります。その結果、悩んで自分を責めてしまうのです。でも大切なのは「活かす」という物差しをもつことです。法ノ宮に相談にいらした方のなかには、実際に「活かす」という行動指針をもつことで人生を変えた方が大勢います。

《Nさんの独白》

この春、私は27歳で高校を卒業しました。小学校のときに受けたいじめによって登校拒否になりずっと家に引きこもっていました。それまで私は、学校に対して強い劣等感を抱き続けていました。卒業できているのは小学校だけで、中学校へは一日も通わず、高校も中退したために、21歳の頃には、自分はなにもできないんだと思い込んでいたのです。いろいろな大人からどんなに貴重な話を聞いても、素直に受け入れられなくなっていました。

本当に、私ほど手がかかった人間はいないのではないかと思います。そんななかで「人間は学歴ではない、教養ぞ！　ここで学んで身につけなさい」と強くも温かなまなざしで諭してくださった住職の言葉が、生きる希望になりました。それまで孤独に苦しんでいた私は、本当に親身になって自分を思ってくれる存在にようやく気づくことができたのです。

それまで表情が曇っていましたが、それからは笑うこと、泣くこと……と徐々に感情をあらわにし、人間らしさを取り戻していきました。それから働けるようになったとき、法ノ宮で得たこと・学んだことすべてが役に立ちました。

25歳になったとき、高校に再入学する決意をしました。通信制であったことから日曜日に学校があって大事な法要に遅れてしまうことも出てきました。そこまでして高校に行くべきか迷いましたが、「結婚してから行くことは難しい。卒業していないことが気になるのだったら行きなさい」という住職のアドバイスに励まされ、自分の心に正直に、働きながら高校に通うことを続けられたのです。ずっと学校という言葉すら聞くだけで苦しかった私が、学校へ行くことのうれしさや楽しさを感じられるようになっていたのです。

そして高校に入学して2年生になったとき、自分自身の体験を発表する弁論大会で学校代表に選ばれました。なんと地区大会では最も良い評価を受け、県大会まで出ることができたのです。今まで自分の過去を人には知られたくないと思っていましたが、人前で話す機会を与えられたことで、あれほどとらわれていたものがすっかり消えてしまったかのようでした。私にとってこの成功体験は大きな転機となりました。

さらに卒業式では謝辞を読む大役を任されたのです。緊張しながらも、私が変わるきっかけになった出来事、人生は何度でもやり直しができることなど、どうしても皆に伝えたかったことを心を込めて話しました。読み終わったあと、式中一度もなかった拍手が鳴り始め、私は初めて驚きと感動に満たされる感覚を覚えました。壇上に上がると校長先生が笑顔で私の手を両手で包み、握手してくださいました。また、式が終わったあと、話もしたことのない同窓生たちが何人も感動しましたと言ってくれたのです。

私にはもう学校に対する劣等感はありません。救っていただいたこの生命、生まれ変わらせていただいたこの魂で歩む新たな人生を日々精進につなげていきます。

＊＊＊

かつての苦しみを乗り越え、25歳で高校に再入学するという大きな挑戦に挑んだNさんは、これから先どんな困難に直面しても力強く歩み続けることができるでしょう。

植物・虫にも魂、思いがある

世界には、人間だけでなく、動物や昆虫、植物などさまざまな〝生き物〟が存在しています。これらには間違いなく命があり、私たちと同じように魂と思いがあります。現在の科学では、植物や昆虫の感情や思いを解明することはできませんが、彼らも人間と同じように苦しんでいるのです。なぜなら自然界は食物連鎖のピラミッドとなっていて弱肉強食の構造が成り立っていますから、それぞれの動物や植物は常に生命の危機に怯えながら生きています。

地球上に存在するすべての生き物は、生きたい・繁栄したい・子孫を残したい……という思い（欲）をもっているのです。必死に光を求め、水を求め、自分にとって良いものを求め続けています。

そんななかで命を脅かす天敵が現れれば、もちろん警戒します。植物にとっての天敵は虫です。虫が出現したときには、警告信号を発して、周りの植物に知らせるといいます。同時にその虫の天敵となる別の種類の虫を呼ぶための信号も発するというのです。

そんな宿敵関係である植物と虫ですが、ほとんどの植物の受粉を手助けするのも虫です。虫がいるから花粉が運ばれ、植物は初めて子孫を残すことができます。食虫植物も不思議な関係です。虫が落ちてくるように面を滑りやすい作りにしたり、捕らえた虫が出られないように挟む仕組みになっていたりします。

また虫にも不思議な生態が見られます。天敵の鳥に狙われないように、羽が目玉の模様になった蛾が存在します。状況に合わせて植物やほかの虫に擬態する虫もいます。

脳がない植物や、思考能力がないはずの虫が、なぜそのように変化することができるのでしょう？　それはほかでもない、植物にも虫にも「魂」があり、「思い」があるからです。

私たち人間でいうと「思い（＝心）」には、善と悪があります。攻撃の心や騙す心……生きたいという欲があるからこそ、行動や身体の機能として現れるのです。それは植物も虫も同じです。植物も虫も、生き延びるためには善悪の思いがあり、敵に対しては悪意をもって対処することもあります。例えば、食虫植物は虫を捕らえるための罠を作り、虫は捕食者から逃れるために擬態や偽装を行います。これらの行動は、自己防衛や生存戦略としての悪の側面をもっているといえるでしょう。

彼らにとっては、人間も天敵です。生きる根源である木を切って、容赦なく虫を殺す恐ろしい存在です。人間は、文明が発達し、知恵をつけていくなかで、さまざまな生き物を殺してきたのです。なかには、人間の生活を優先したあまりに絶滅した生き物もいます。

しかし、植物や虫たちにも人間と同じように「思い」があります。自分の命や仲間を守りたいという欲があるのです。

だからこそ、同じ地球上に生きる生き物として、すべての生命を敬い、感謝しなければなりません。人間以外の自然や生き物を軽視していれば、いずれ人間のほうが淘汰されてしまいます。自然の力は、人間に恵みを与える一方で、猛威を振るうこともあるのです。

日本を起源とする宗教に神道というものがあります。神道には自然や生き物、つまり森羅万象あらゆるものに神が宿るという考え方があります。神道は、稲作や漁労など、自然との関わりが深い日本人の暮らしのなかから生まれました。先人たちは、自然のなかで続いていく生命の尊さを実感し、あらゆるものが生み出す生命力を〝神々の力〟だと信じたのです。そしてその思いは、今も私たちの心の中に深く根付いています。

脳があり、思考能力があるから人間のほうが上という考えであれば、それは大きな間違いです。人間も自然の一部であり、あらゆる生き物と同じように、地球上にある水に生かされ、土の上に暮らし、酸素を取り込みます。私たちは、自然の法則のなかで自然によって生かされており、虫も植物の存在も私たちの生に直接関わっているのです。

ならば自然に感謝し、自然から学び、自然を大切にし、自然のなかの一員として生きていくことが我々人類の発展繁栄であると私は思います。

ダークエネルギーが宇宙の90％を占めている

私たち人間は、物質世界に生きていると思っています。つまり、意識がある状態で形を認識できる現実世界です。しかしこの宇宙やこの世界のほとんどが見えないもので構成されているのです。

この見えないものには、「ダークエネルギー」や「ダークマター」と呼ばれる力があります。ダークエネルギーは、宇宙全体に広がっている重力に反発する圧力で、宇宙が膨張するスピードを加速させる力をもっています。ダークマターは、宇宙に存在する観測できない重力をもつ物質のことをいいます。なんと、現在の宇宙はこの2つのエネルギーが9

割ほどの割合を占めており、私たちが知っている原子からなる物質はわずか5%程度しか存在していないのです。つまり、この世のほとんどは正体不明の力によってできているということです。

目には見えないエネルギーは確かに目の前に存在し、私たちを支えているのです。未知のエネルギーを無視してこの世界を語ることはできません。しかし、当然のように物質世界に生きる人間にとって、形がないもの・観測できない物質の存在を信じることは難しいかもしれません。

科学者たちはこの存在を証明するために、さまざまな仮説を立てました。そんななかで、次元の違う世界に未知の物質があると仮定した科学者が、別の可能性に気がついたそうです。それがあの世があるという推測です。次元の違う世界――最近では「ギガバース、テラバース、マルチバース多元宇宙論」といわれる世界です。パラレルワールドについては、数十年前から多くの科学者によってその存在が理論的に肯定されてきました。

多元宇宙の存在を認めるのであれば、あの世の存在も決して否定できません。同じように、私たち人間の魂も、見えないエネルギー、つまりはダークエネルギーとして確実に存在していると考えるほうが自然です。目には見えないものがこの世のほとんどを占めているのであれば、当然あの世も魂も存在するのです。

ではいったいこのエネルギーが私たちになにをもたらすのでしょうか？　まずエネル

ギーであるということは、力があります。そのものに現れる働き、ものを動かす作用があるということです。例えば、水素は「核融合（軽い原子核がくっついてより重い原子になること）」によってヘリウムに変化します。そしてヘリウムは、核融合でリチウムになる。そのリチウムは核融合を繰り返せば金に変わることもできるのです。しかし、現在の化学技術では軽い原子（水素）から金を作り出すことは実現不可能だとされています。

けれどこの原理は、宇宙の摂理、抗えない自然の法則であることは間違いありません。人間に置き換えて考えてみると、この原理原則は私たちの人生にも役立てることができます。つまり、思ったこと・考えたことを目に見えるものとして現実に表せるということです。頭の中に思い浮かべるという見えないエネルギーを、行動や言葉に起こすことで物質へと変化させることができるのです。理論的には水素が金に変わるように、思いも形にすることができます。あなたが望めばそのエネルギーの熱量に応じて核融合を起こし、目の前に現れてきます。熱量が小さければ、水素からヘリウムのように小さな中性子に、莫大な熱量があれば金、あるいはそれ以上の大きな物質として現れるのです。

苦労していない人は、苦労した人に生まれる這い上がりたいという大きなエネルギーには敵いません。どん底で味わう悔しさや恥ずかしさ、怒り、悲しみは、とてつもない原動力となって行動に現れます。そしてそのエネルギーが、人を引き寄せ、運を引き寄せるから、思いや願いが実現するのです。

「思い」という見えないものを核融合によって物質化するためには、行動するしかありません。まずは行動あるのみです。どんなに思っても、動かなければいつになっても目の前に現れてこないのです。

そもそもこの世界は常に動いています。地球が自転しているから昼と夜が訪れるし、世界に存在する原子も常に飛び交っています。動いているから刺激を受け、新しい形に姿を変えるのです。

それは人間も同じです。動いていればエネルギーを生み出して、なんらかの刺激を受けます。さまざまな人や出来事との出会い、経験、学びがあります。その刺激こそが、現状を変え、より良い形へと成長させてくれるのです。

見えないものを信じることに価値がある

宇宙全体のうち90%以上をダークエネルギーやダークマターが占めていること、見えない物質によって人間が支えられていることを知らずに生きるのは損です。見えているもののほうが圧倒的に少ないはずなのに、私たち人間は見えているものしか信じることができず、見えているものにのみ影響されてしまいます。

しかしだからこそ、目に見えないものを信じることに価値があるのです。人間は魂の存在に、確かに突き動かされています。見えていないけれど、心で感じているはずです。その魂を活かすためには、まずは思い、望み、信じることです。望めば与えられます。なぜならその思いによって、人は動かされる、もっと言えば動かずにはいられない状態になります。そんな心になることが運命と感じる瞬間なのです。

運命を信じる人はたくさんいますが、運命の瞬間を意識する人は少ないのではないでしょうか。多くの人は、運命は突然やってくるもの、もしくは神が与えてくれる奇跡的なものだと思い込んでいますが、それは大きな間違いです。運命は魂が活かされ、思いが生まれ、それによって行動が誘発されたときに生じるものなので、魂の存在を意識したほうが、運命を感じやすくその流れに乗りやすくなります。つまり、運命を引き寄せるのは、ほかでもない自分自身なのです。

そのためにはまず、見えないものを信じることが重要です。神を信じ、あの世を信じ、魂を信じるから、心の底から思いが生まれます。頭ではそんなものは信じられないと思っている人も、無意識のうちに信じている場合もあります。

人はいざというとき、例えば身内の手術中であったり、宝くじや競馬の結果を確認したりするときなど、あらゆる場面で自然と祈っているのです。人が神に祈るのは、未知の存在や力に頼っているからです。祈る行為は一見意味がないように思えますが、私たちには大切なこと・必要なことだと分かっています。どんな言い訳をしても、意識下で魂を感じ、魂の叫びが響いているからこそ、咄嗟の瞬間に祈りたくなるのです。

かたくなに科学的に証明されていないもの、観測できないものを否定していても、心は素直です。そんなふうに自分の心に抗っていても、幸せにはなれません。目に見えるものだけを信じ、そうでないものは認めない、そんな生き方で本当にいいのでしょうか？　今一度、自分の心に問いかけてみてください。

恋愛も家庭をもつことも生きることとすべてが「行」

生きるという行為は、魂を磨いていく行為でもあります。すなわち人生は魂を磨き上げるための「修行（＝行）」の期間であるということです。生まれた瞬間から死ぬ瞬間まで、すべての体験が人間としての行となるのです。

例えば、恋愛という体験を思い浮かべてみてください。恋愛をする前とあとでは、人は大きく変わります。恋愛を通じて喜びや幸せを感じる一方で、苦しみや痛みも感じます。ときに良い思いを上回るほどの苦しみを味わうこともあるでしょう。

自分のことを好きだと言ってくれる異性がいて、デートをして、恋が実ります。しかし幸せな瞬間は束の間、徐々に不安や不満を抱き始め、相手も自分も疑うようになっていきます。悲しい、苦しい、寂しい……相手を思えば思うほど、負の感情が大きくなっていく経験をした人はたくさんいると思います。そしてその恋が終わりを告げたとき、たちまち絶望の底に落とされてしまいます。希望をなくし、活力をなくし、生きる意味さえも見失ってしまうでしょう。恋愛は幸せどころか、不幸なものだと思えてきます。

けれど、そんな他人との深い交わりが、自分の心に学びを与え、大きく成長させてくれるのです。真剣に向き合ったからこそ、苦痛を感じるのです。いい加減に中途半端な付き合いであれば、その分受けるダメージは少ないです。恋愛に苦しむ人は、相手を大切に思い、自分の気持ちから逃げなかった人です。恋愛をしなければ、他人の痛みや苦しみを理解することができません。頭でいくら想像していても、実際に体験するのとしないのとでは、得られるものがまったく違います。その痛みを知っているから、他人には同じ思いをさせないようにしようと心に誓うことができるのです。これこそが行です。その経験が、魂を磨いているのです。

恋愛から進み、次のステップとして家庭をもったとしても目的は変わりません。魂を磨くためのカリキュラムです。しかし、人生のパートナー・同志のような存在であり、恋愛とは関係性が異なります。人生の荒波を協力し合って乗り越えていかなければなりません。さらに大きな壁が立ちはだかる、新たな行が与えられたと考えるべきです。

子どもが生まれると、責任が生じます。自分の命よりも優先しなければいけない存在があるわけですから、それまでの意識やスタンスが大きく変わるでしょう。子育ては幸せなことだけではありません。育児や教育という難しい問題と向き合いながら、身が引き裂かれるような思いをすることもあります。

そしていつか子どもが巣立ち、余裕のある状況になったとしても、また新しい課題に直面します。老後のお金の問題や体の健康の問題、自分が死んだのちの問題……年齢を重ね、環境が変わるごとに、新しい問題が次々に出てきます。だから人生は死ぬまで行なのです。

しかし、生きることそのものが行であると理解し、人生は魂を磨いていくものだと自覚できれば、次々にやってくる問題にいちいち悩む必要はなくなるのではないでしょうか。なにか問題が起きたこと自体が悪いことなのではありません。体験し、学び、後悔し、やり直し、自分を育てていくことこそ、生きるということなのです。だから、最後には密度の濃い行ができたと思えるように、なるべく楽しく、なるべく多くを学び、なるべく人のために生きてください。

人生は行だということを自覚できた話

最初から「人生は行である」ということを理解できた人はほとんどいません。さまざまな経験を通して失敗し、試行錯誤し、成長した先に得られるものなのです。その経験は本人だけのものではありません。周りの人々にも大きな影響を及ぼします。

ある日、20代後半くらいの若い男性（Oさん）を連れた母親が法ノ宮を訪ねてきました。彼は中華料理屋で働いていたそうですが、周りの職人にいじめられ精神を壊してしまったという話でした。そこで私はいろいろなことを話し、一緒にお参りもしました。ともに時間を過ごしていくなかでOさんは少しずつ心を開き、精神が落ち着いていくようでした。

後日、Oさんは私たちのために料理を振る舞いたいと中華料理をいくつか作ってくれました。八宝菜のにんじんはきれいに飾り包丁が入り、味もおいしくさすがプロの味だと感動したのを覚えています。それから数カ月が過ぎた頃、彼は転職し、工事現場で働けるようにまで回復しました。私はOさんが元気に働けるようになったことが自分のことのようにうれしかったのです。

しかし、その数カ月後のある日、突然彼の母親から電話がかかってきました。Oさんがマンションの踊り場から飛び降りて亡くなった、自殺したというのです。私は信じられませんでした。自殺なんかするわけない。人生に希望の光が見え、今からというときにそんなはずがないと思いました。今でも信じられません。なにかの事故でフラフラッとして落ちてしまったのではないかと思っています。

それから一週間ほど経ったとき、夢のなかにOさんが出てきました。車に乗り満面の笑みで太陽に向かって走り、消えていったのです。そういえば、いつか病気が治ったら免許を取って大好きな車に乗りたい、彼がそう話していたことを思い出しました。

私はそのときに痛感したのです。人生は行だと——。思いどおりにならないことはたくさんあるし、人生は苦しいことや悲しいことが多すぎます。しかし、それでも生きていかねばなりません。それでも夢と希望をもって生きていかねばならないのです。Oさんは、生きるという行を必死に頑張ったからこそ、天国で夢を叶え、幸せそうに笑っていたのだと思います。

人間にはどんな感情があるのか

人間には感情があります。これはさまざまなことに感じて抱く気持ちのことです。

そもそも、なぜ人間には感情があるのでしょうか？　それは、肉体があるからです。この世界は物質世界です。人間も、肉体という物質をもとに存在しているのです。

私たちがお腹が減るのも、この体があるから。生命を保つため、生きるために、エネルギーを求め、脳が警告を出すわけです。けれども、この空腹がなければ、どれだけの感情がなくなるでしょう。食料がなく、飢餓に苦しむ発展途上国では、人々の間で争いが生まれ、攻撃する心、陥れる心、憎む心、恨む心が生まれます。しかしだからこそ、与える心、譲る心、喜び、感謝の心を学ぶことができるのです。

また、他者を愛し、恋する心も同じで肉体がそうさせるのです。心があるから、奪いたい、自分だけのものにしたい、嫉妬、不安、苦しみ、悲しみという感情を生み出します。だが、それと同時に幸せにしたい、守りたい、支えたい、与えたい、喜ばせたいというポジティブな感情が生まれてきます。

このように肉体によって生まれた心（＝感情）の仕組みは、実は一つの単純な法則であることが分かります。それは愛か、嫉妬の2つに区別されるということです。愛するがゆえに大事にし、喜びがあり、人を助けることができ、豊かになれます。しかしその一方で、愛するがゆえに奪い、嫉妬し、悲しみ、人を苦しめ、心を貧しくさせることもあります。感情は常に相反的に存在しているのです。

では、それはなぜなのでしょうか？ その理由は私たちに選択をさせるためです。私たちは相反する感情が生まれる状況で、今の状況を変える選択を迫られることになります。これが心の相反性、つまり感情の正体なのです。この選択を通じて、私たちは人間としての価値を示しているのです。

肉体があると、感情が生まれます。感情が生まれるから、選択肢が生まれ、自分で自由に選ぶことができます。その結果、成功と失敗がありそこに喜びと反省が生まれます。たとえ失敗してもそこからまたやり直すことができるので成長することができます。人間はこのように、物質である肉体から生まれた感情と、それに基づく選択を繰り返して、人格や魂を育てていくのです。それが、人生です。人間の感情とは、生そのものなのです。

苦しみを生み出す原因は「自分＝我」

苦しみを生み出す要因の一つに「我」というものがあります。我とは、自我。つまり

「私」のことです。

人間に限らず、すべての生き物は、この「私」という存在を最も大事にしています。自分の心が傷つけられたり、自分の命が脅かされたり、危険にさらされたときには、全力で守ろうとします。この防衛本能こそが我（自我）であり、私であり、苦しみを生む原因となる自分なのです。

我々にとっていちばん恐ろしいことは命を奪われることです。自分の命より大事なものなどありません。自分が大事で大事でしょうがないから、本能的に働いてしまいますが、その心が私たちを苦しめているのです。そもそもケガをして痛いのは私自身であり、心が傷ついて痛みを感じているのは、私しかいません。ほかの誰でもなく、本人が苦しいのです。

私たち人間は、自分を大切に思う心、つまり我というものにとらわれるようにできています。自分と他者、または心という大切にすべきものの間で人間は苦しみます。しかしこれは、神様が作り出した問いかけであり、実践の場でもあります。

実は、自分の命を失うことへの恐怖心よりも大切にすべきもの・優先すべきものがあります。それは愛です。自分より大切な存在のために、自分の命を犠牲にする、自分よりも他人を優先する……こんな尊く素晴らしいことはありません。けれども、簡単にできるものでもありません。自分という我は、相当手ごわい相手なのです。言ってしまえば、自分にとっていちばんの強敵です。

　しかしだからこそ、そんな相手を倒すことに価値があるのです。自分＝我に打ち勝って、愛する人、大事な人を優先できたとき、大きな成長を手に入れることができます。自分の欲望、本能、感情に惑わされず、自分の意志で利他的になれる人は尊い人間となります。

　そうはいっても、これは極端な話です。自分という我はそう簡単に倒せる相手ではありませんから、誰もが必死に闘い、敗れてしまうものです。ですが、「日常における我」というものを理解するだけで人生は変わってきます。

　我が出るとは自分が出ることです。大勢で話していても、ついつい自分を出してしまい、自分の正しさや優秀さをアピールしたくなるものです。褒められたい、認められたいという欲望を抑えきれなくなっています。本来であれば、話している相手の気持ちや考えを想像し、喜ばれるような対応をとるべきです。しかし人間は、自分という存在を他者に認められたいがために、自ら誇示したくなってしまうのです。こうした立ち振る舞いが現れたときは、我が出てきたときです。

　それを理解していれば、日常生活におけるさまざまな場面で我が出てくる瞬間が察知できるようになります。「今の私は自分のすごさをアピールしようとしているな」「今自分は知識をひけらかそうとしているな」と気づけるようになるのです。

そうすれば、誰かを傷つけることも、嫌われることも減っていき、結果的に一つの苦しみからの解放にもつながるわけです。自分がどんなときに我が出やすいのか、なぜ自分は我を出そうとしてしまうのか、これを認識するだけで少しずつ我は出なくなります。我は損だと理解することでやめられるようになるのです。

悲しみを知らないと見えない世界がある

仏教における慈悲とは、すべての生き物が苦しみから解き放たれ、幸せを得られますようにと心から願うことです。「慈」は楽を与え幸福を願う心、「悲」は深いあわれみの心で苦しみを取り除くことを意味します。

人はこの慈悲心によって、自らが傷ついたり、苦しむことがあります。誰かを思ってやったことが、思いがけず自らの胸にナイフとなって突き刺さることもあります。こうした深い悲しみの経験は決して無駄になりません。むしろ、あなたを大きく成長させ、魂を磨き上げることになるのです。

慈悲の心によって経験した「悲しみ」は、他の悲しみより重くのしかかります。比べものにならないほど胸が締め付けられるような苦しみを感じることでしょう。しかし、この痛み、悲しみ、苦しみを実際に経験した人だけに、他者の悲痛を想像する力が養われるのです。自分の痛みを思い出し、想像し、他人を思いやることができるようになります。これは深い悲しみを経験した人にしか分からないことであり、簡単には真似できません。そしてその経験は、人間としての厚みを増し、魂も大きくしていきます。

ときに悲しい体験は人を不幸に陥れたり、自分だけ不運に感じたりと、負の感情に苦しめられるでしょう。しかしだからこそ、つらい・悲しい・苦しい体験を排除してはいけません。目を背けず、逃げずに、向き合うことです。そして自分と同じ思いは誰にもさせたくないと、大いなる慈悲の心をもって他人の幸せを願うのです。

深い悲しみを乗り越えた人にだけ見える美しい世界が、確実にあるのです。

第4章

特別な修行や儀式が大事なのではない
日々の信心の先に悟りは開かれる

宗教とはなにか

「宗教」という言葉にはいろいろなイメージが付きまとっています。ただ、あらゆる思い込みを一旦捨てて、無心に宗教とはなにかを考えてみればどうでしょう。単純です。人間の力や自然の力を超え出た存在を信じること、愛や思いやり、勇気といった見えないものを信じること、それが宗教なのです。心や宇宙の法則を学ぶことともいえます。

この世界、ひいては宇宙に至るまで、そこにあるあらゆるものには法則があって、それによって成り立っていると考えるのは自然な感覚です。日々の生活では、実際、私たちが意識することはなかなかありませんが、例えば、水が高いところから低いところへと流れるのも、法則に従った現象の一つといえます。

こうしたすべての法則を解明することを「悟り」といいます。お釈迦様は、人間の心の法則を解明した方です。そして愛の法則を解明したのがイエス・キリストです。

ところが私たち人間は、そんなこの世の法則が分からぬままに自然な川の流れを逆流してしまうものです。だから、苦しむのです。もし法則が分かれば、川の流れに抗わないようになるだけでなく、逆に法則を利用して人生を楽しむことも、水車を作って便利に生きることもできるのです。こうした法則を学ぶことによって、私たちの魂は大きくなろうとしています。そこに宗教があります。

つまり宗教は、自分以外の大きな力を信じることによってこの世界（宇宙）の法則を知り、判断や選択の基準となったり、人生に役立つ知恵を授かったりすることで、魂を磨き上げるためにあるのです。

人間には、もともと感情や欲望といった本能が備わっています。これらは毎日、私たちが生活していくうえでの選択や価値観に大きな影響を与えます。その結果が、軸のない行動や目標達成の妨げになってしまうことがしばしば出てくるでしょう。

また、他者との衝突やいさかいなど、人間関係のトラブルも自分の心（感情や欲望）によるものがほとんどです。本心ではないことをその場の勢いで口にしてしまったり、自分の保身や利益ばかりを優先してしまったりして他人を思いやれなくなってしまいます。あるいは、他人の行動や言葉によって傷つき悩み苦しむのも、その根源は感情や欲望に惑わされているからです。人間の苦しみのすべては、この感情や欲望による本能的な衝動なのです。

では、もし、誰もがこの本能に従って生きていたら、社会や世界はどのようになってしまうでしょうか？　それぞれが感情のまま、欲望のままに動く……そうなれば秩序などなくなり、たちまち大混乱を招いてしまいます。無意味な争いや奪い合いが勃発し、殺伐とした社会になることは確実です。

一方、社会の平和のため、秩序を守るためにあるのが宗教だといえます。感情や欲望に基づいた行動基準とは違った、神や大きな存在による教えや知恵に基づいて行動する、つまり、自己中心的な考えではなく、全体や未来を想像したうえで、配慮のある選択ができるようになる。そうすることで初めて喜びやうれしさ、幸福といった人間の感情のポジティブな面を他者と共有でき、助け合い支え合うことができます。自分以外の存在、つまり他者という存在が集まっているのが当たり前の集団や組織を営むうえで、共通となる揺るがない軸や指針があるからこそ、人々の命が守られ、平和が実現するのです。

しかもそれだけではありません。宗教の教えは自分自身も救ってくれます。人間は生きているなかで、幾度となく苦しみや悲しみが押し寄せてきます。人生におけるステージや環境が変われば、新たな試練や困難が次々にやってきます。人はそのたびに自信をなくしたり、生きる意味を見失ったり、自分自身の価値さえも分からなくなってしまうでしょう。そんなときに宗教を頼るのです。

宗教は本来、なんでも相談できて、なんでも答えてくれる、そしてどんな問題についても解決へと導いてくれる存在です。どのような問題にも親身になって寄り添い、自分の力だけでは辿り着けないことや気づけないことを教えてくれます。やってはいけないこと、悪いこと、人生の妨げになることを当事者に代わって与えてくれるものなのです。

「信じることで救われる」、これは決して、都合の良い解釈などではありません。自分の逃げ道を作るわけでも、楽をするわけでもないです。神の力を借りて感情や欲望をコントロールしながら、自分を律し、夢や目標を叶え、より良い自分、そして豊かな人生を築いていくためにあるのです。

人は裏切ったり見限ったりすることがありますが、宗教や神は決してあなたを見捨てることはありません。常にいちばん近いところで真剣にあなたを思い、厳しく正しく、幸せな方向に導いていくのが宗教なのです。

「宗教」と「哲学」「道徳」は違う

宗教と似たような立場に哲学や道徳などがあります。これらはそれぞれ、人間や世界の問題を問い、生きるために必要な教訓や知識を与えてくれる存在です。ただし、目的や役割はまるで異なっています。

まず哲学とは、人間がもつ思考や感情、世界の在り方などを探求し、普遍的な真理、つまりすべてのものや人に当てはまる本質を論理的・合理的に解明する学問です。「人間とはなにか」「より良く生きるためにはどうすればいいのか」といった類いの問いに対して、哲学はこの世の中（＝今ある現実世界）を対象にして、一つひとつの事実を積み重ね、順序立てて考えていきます。哲学の目的は「知る」「解き明かす」という点にあるのです。その学びをどう役立てて生きていくかは、それぞれの人間に委ねられています。

これに対して道徳は、社会生活・集団生活・共同体を営んでいくうえで大切な、守るべき行為の基準となるものです。すなわち善・悪、正しい・正しくないなどを明確にして、人が従うべきルールや規範を提示します。道徳はあくまで人間社会を平和に、安心して生きるための考え方ですから、対象となる国や文化などによって大きく変化します。そのため、自然界には当てはめられません。

そして宗教です。哲学や道徳とは違って、宗教は今人間が生きている現実世界はもちろんのこと、自然界、あの世、過去、未来のすべてを対象にした教えであるという点が特徴です。そこで絶対的な価値に挙げているのは「神・教祖・教義」であり、その教えを学び、実践することによって、より良い生き方・豊かな人生に近づこうとするのです。神に直接与えられた「教え・教訓・知恵」をもとに、あの世の存在を含めた真実や真理を解き明かします。自らの心（感情や欲望）と向き合い、理性を成長させ、それを信じるか・信じないかを問われるのが宗教なのです。

宗教は、現実世界では証明できない、観測不能な物事と対峙します。つまりは人間を超越した存在を信じ、今ある世界とは別の世界を見据えて生きるものです。だからこそ、今の自分を大きく変えることができるし、自分の限界を超え出たところまで辿り着くことができるのです。現実的な考えは、ときに可能性を狭め、無意識のうちにそこに制限をかけてしまいます。しかし宗教には不可能がありません。ありのままの自分を受け止めながらも、そのなかに眠っている大きな理想を叶えることができるのです。

科学も宗教も行きつくところは同じ

科学が著しく進歩する現代では、科学的に証明できないものは価値がない・意味がないととらえられがちです。ただ、では科学がなんのためにあるのかを、考えてみてください。

根源を考えれば、未知のものを解明するためにこそ科学は存在していると考えられます。科学の進歩とは、それまで分からなかったこと・できなかったことが解明、実現し続けている状態です。それによって得られた知識や技術を実社会に活用していくことが、科学の貴重な存在意義といえます。

実は、それは宗教も同じなのです。現在ではまだ解明できないもの・証明できないものの存在を信じることで、人々の生活に役立てるのが宗教です。人間の五感で感じ取れるものには感謝を、人間の能力を超えた存在や空間には憧れを抱くのです。

人間の目は前を向いて2つ付いていますから、基本的には前方しか見ることができません。だから、今自分の後ろでなにが起こっているのかは知り得ません。また、近い距離しか認識できないため、遠いところがどうなっているのかも分かりません。空気も紫外線も赤外線も人間の目では見ることができず、色だって空中で反射された分しか見えません。空気中で吸収されてしまう色は知覚不可能ということは、人間の脳の処理能力は極めて未発達であり、世界のすべてが投影されているわけではないのです。そう聞けば誰にでも分かるように、目に映る世界は実に不確定なものといえます。

結局、あなたがとらえている世界は、実際には自分の頭の中で出来上がった一種の空想の世界でしかありません。もしそうであれば、今の自分が感じ取っている世界がこれほど美しいのであれば、現実を超えた世界、目に見えない世界、かすかに感じられるだけの世界はどうなっているのだろう……すべての制限がなくなった世界は、どんなに自由になるのだろう……と完璧な世界に期待を膨らませたほうが、人生が楽しく豊かになるのではないでしょうか。

人間が本能的に求めているのは自由です。身体という狭く不自由な乗り物に閉じ込められた魂は、この世で亡くなり身体から抜け出したときに、制限のない存在になります。今生きている自分の想像力では、到底想像などつかない広大な世界、自由を限りなく実現できる世界が確かにあるのです。

私たち人間は死を恐れますが、死は解放以外のなにものでもありません。あの世（死後の世界）に新しく生まれ変わる、自由な人生の始まりなのです。

現実世界を超越した存在を、今の科学技術で証明することは難しいかもしれません。でも、それは科学も同じだったはずです。ほとんどの科学者は、自分の理想や可能性を信じたからこそ、まだないものを強く追い求め、ついには発見・証明することができたのではないでしょうか。

科学の進歩は、人間の進化だと多くの人が素直に認めます。では、宗教はどうでしょうか。宗教もまた、人間（魂）の進化を目指すものです。生きている以上、人間は進化や成長を求める。そのためには「信じる心」が不可欠なのです。

神様はいるのか。見えないものを信じるのか

信じる目標となる神様は果たしているのでしょうか。そもそも、もし神様がいなければ宗教にも意味などないかもしれません。宗教と科学が正反対のものだと信じているとそんな疑問にとらわれがちになってしまうかもしれません。ところが実際は、宗教は科学ととても近い存在です。

科学が進めば進むほど、神の存在証明は近づいていくはずです。ビッグバンが起きて宇宙が誕生する確率、地球に生命が誕生する確率は、スマートフォンが自然に生まれる確率のようなものだといわれます。ところが誰かが作ろうとしない限り、勝手にスマートフォンが出来上がることなどありえません。それと同じように何者かが意図的に行わなければ、宇宙も生命も存在しないのです。宗教でいう魂と、科学の宇宙のダークエネルギーをまったく別の存在と考えることはできません。実は魂も観測できないだけで、科学がようやく到達した宇宙のダークエネルギーとの違いは意外と小さいとも考えられます。また、科学的な階層世界・次元の違う世界を考えれば、天国も次元の違う世界の一つとしても違和感はないといえます。死んであの世に行くというがあの世にもまた死があり、その上の世界が広がりそれが無限に続いているかもしれないのです。

人を動かす心の動き、ワクワクすることを考えれば、神様の存在にはとてつもない意味が生まれます。

神様を信じることは天国がある、次の世界があるということです。愛している人にまた会えるということ、自分は一人ではないということ、良いことをする意味があるということ、自分を見てくれている存在があるということです。

では、神様がいなければどうなるかというと、人生の行き着く先にはなにもなく、愛する人を大切にしても結局は価値がなくなり、生きていることに意味はなく、私という存在もすべてなくなるということになります。この両方を見るだけで神様がいればどれほど意味があるかは明確です。つまり、神様を信じたほうが幸せだと思います。そして信じればどうなるでしょう。信じることで人生の見え方、毎日の生活の見え方、とらえ方が変わってきます。

神様は信じたほうが幸せだから信じるべきなのです。

神仏混合（習合）とはなにか

日本は世界的に無宗教だと考えられ、日本人自身もそのように思っている例がほとんどのようですが、それは誤解です。日本の伝統的な風習である、七五三や成人の儀式、還暦といった人生の節目を大切にする儀礼、そしてお正月の初詣、節分、ひな祭り、七夕、お月見などの年中行事——現代にも受け継がれるこうした習わしの背景には、神や仏に対する祈りが込められているからです。

私たちのご先祖様には、日常生活の営みにおいて、神、仏、自然の恵みに感謝し、畏れ敬い、祈りを捧げる風習がありました。そのような風習のなかから自ずと生まれた信仰が神道です。日本人の心から生まれたこの神道は、開祖や教祖、教典をもちません。山や巨岩、大木、海、風……地球上の森羅万象あらゆるものに神が宿ると考え、神聖なる場所とし、やがてそれが神社となりました。

神道では祖先崇拝や自然崇拝を基本とし、八百万の神と呼ばれる多数の神々を崇拝します。この豊かな宗教性が日本の根本的な思想であり、意識せずともすべての日本人の心に生きているのです。

その後、日本にもたらされた宗教が仏教でした。インドで生まれた仏教が中国を経て日本に伝わってきたのは6世紀半ばのことです。教祖であるお釈迦様が説いた教えをもとに修行をし、悟りを開くことを目的とします。

仏教が日本に伝来した当時、外来宗教を受け入れるにあたってさまざまな葛藤や対立がありました。そこで日本は神仏混合（習合）という考え方を選択します。神仏混合とは、神道を軸として仏教の良いところを調和・融合することによって新しい考え方を形成したものなのです。

この神仏混合の思想とは、良いものは良いと認めて受け入れ、それを昇華させることです。現代に至るまで、日本には仏教だけでなく、儒教や道教、キリスト教などあらゆる思想が入ってきました。私たちは、そのおのおの良いところだけを取り入れ、さらに研ぎ澄まし、より良い在り方を導き出すことに努めたのです。クリスマスやハロウィンといった海外の風習を尊重し、優れた技術や知識は生活に取り入れたように、あらゆる価値観を許容し、人生の豊かさを探求するという考え方です。こうした日本人の心の源となっているのが、神仏混合の精神なのです。

どれだけ多くの海外の思想や感覚が輸入されてこようと、日本人としての精神が変わることはないはずです。精神の根源にある神仏混合の教え、つまり互いの良いところを取り入れる考え方は、強固な軸があるからこそ実現するものです。日本人の魂にはそんなしなやかさがあります。自然に生まれ、自然の一員として生きる以上、八百万の神を慕い敬う気持ちが失われることは決してありません。

今でこそ、一人ひとりの日本人はその信仰心を意識せずに生活しているかもしれませんが、無意識のうちに神仏を頼る場面があるのではないでしょうか。生きづらさや苦しさの原因は、本来の在り方に背くことから生まれます。「日本人らしさ」を大切にする心こそ、魂を活かすのです。

日本人の精神を創った天皇陛下と聖徳太子

日本で発祥した神道は、長い間私たちのご先祖様の生活に深く根付き、人々の心を支えてきました。八百万の神と呼ばれる多くの神様を信仰の対象とする神道を語るうえで、欠かせないのが天皇の存在です。天皇は、八百万の神のなかでも最高の神格を有する天照大神の末裔だと考えられています。初代天皇とされている神武天皇に始まり、現代に至るまで天皇家では神道が信仰され続けています。

そんな神道の国・日本に最初に仏教が伝わったのは、諸説あるとはいえおそらくは西暦538年、飛鳥時代の前の古墳時代です。外国からの宗教を受け入れることに反対する人も多くいて深刻な対立も起こりました。そんな状況でも、仏教伝来を推し進めたのが厩戸《うまやどの》皇子《おうじ》こと聖徳太子です。天皇家に生まれた太子は若くして非常に聡明であり、わずか20歳にして日本の政治を行う摂政となり、仏教を日本に浸透させていきました。

それから日本の仏教にはさまざまな宗派が生まれました。なかでも仏教を日本全体に広めるため、大きな功績を残した代表的な一人に空海（弘法大師）がいます。空海は、平安時代初期に真言宗という仏教の宗派を開き、多くの大切な教えを説かれました。

真言宗の根本となる仏様は、大日如来です。大日如来はすべての徳を備えていて、すべての仏様は大日如来が姿を変えたと考えられています。そして空海は「即身成仏」の教えを基本としました。これは、仏と同じように行動し、心を清く保つことで、今この世に体があるうちに誰でも仏になれるというものです。人間が本来もっている仏心を呼び起こす「三密（体・言葉・心）」という修行によって、仏のような生き方を目指すことが重要だと説かれています。空海の教えのとおり、自分自身を見つめ直し、体・言葉・心の在り方に気を付けることで、私たちも今生きているこの人生で、仏を目指すことができるのです。

また平安時代末期から鎌倉時代にかけて活躍した法然が開いた、浄土宗の教えも仏教において非常に大切な考え方です。法然は、「南無阿弥陀仏」と念仏を唱えれば誰でも救われるという教えを説き、貴族中心のものであった仏教を民衆に広めた人物です。「信じることで救われる」という信仰の本質を突いた法然の教えは万人に希望を与えました。


日本古来の神道と伝来した仏教を混合して生まれたのが神仏混合です。神道の大もとに位置する天皇家が仏教を日本に取り入れたのであり、神仏混合の精神は天皇によって生まれ、天皇によって育まれたということです。

天皇は常に国を憂え、国民のために行動をされてきました。仁徳天皇の有名な「民のかまど」などからもその事実が分かります。

ある日、仁徳天皇は、高台から街の様子を見てみると、民の家から煙が出ていないことに気が付いたといいます。そこで「民衆は食事を準備できないほど貧しいのか」と考えた仁徳天皇は、3年間税を免除する政策を取ったのでした。そのせいで皇居の壁や屋根が破損しても直すこともできず、お召しになる服さえもボロボロになってしまいます。しかし天皇は一切気にされなかったといいます。その結果、3年後には民の家のかまどから盛んに煙が出るようになっていたのです。それを見た仁徳天皇は「朕は富んだ。素晴らしき」

と大いに喜ばれました。それに対し「この状況下でなぜ富めるなどとおっしゃるのか」と聞かれた天皇は、「まつりごとの基本は民。民が富まねば天子である私も富んだことにはならぬ」とおっしゃり、周りを驚かせたそうです。

自らを犠牲にしてまで民を思い、民の豊かさによって陛下自身の豊かさも手に入れるという天皇の御心は現在も続いています。常に国民の傍らにあって、国民とともに生きていくという天皇家がある限り、日本人の精神や魂が失われることはありません。

神・仏とはどんな方なのか？

神様や仏様とは、いったいどんな方なのでしょうか。

まずは神と仏の違いから考えてみましょう。仏様は仏教における信仰の対象であり、悟りを達成した人を指します。代表的なものとして、釈迦ニコラータ（釈迦牟尼仏）や阿弥陀仏、観世音菩薩などがあり、この多く存在する仏様や菩薩を仏様という観念でまとめ、仏様を通じて悟りや救済を求めます。

仏様は、慈愛に満ちた御方です。究極の悟りを開いた仏様は、あなたが気づくのを待ち、あなたが変わろうとするのを待っています。そしてあなたが一歩踏み出すのを待っておられます。仏様は、私たち人間の見本となってくれる存在であり、ときに厳しく正しい道へと導いてくださる存在なのです。

一方神様は、人知を超えた力をもつ絶対的な存在であり、それぞれの宗教によって信仰の対象が異なります。神道では、自然物に宿る八百万の神を崇拝しますが、キリスト教やイスラム教、ユダヤ教などの一神教では万物の創造主を神とします。

神様・仏様と聞けば、真面目で厳しく寡黙なイメージがあるのではないかと思います。しかし、実際はそんなことはありません。

この世のすべては、神様がお創りになったのです。つまり、お笑い番組を見て腹を抱えて笑っているとき、そのお笑い自体が神様に与えられたものであるということです。またおいしいものを食べて幸せを感じているときも、神様によって与えられています。温泉に浸かって気持ちが良いのも、映画を見て感動して涙が出るのも、すべて神様にしていただいているのです。楽しいこと、感動したこと、悲しいこと、苦しいこと、あらゆる出来事は神様の手によって創造されたものです。

神様は私たちに、真面目に生きろと言っているのではありません。人格、知恵の幅の広さ、深さ、豊かさ、大きさを学び実践しなさい、とこの世界を創られたのです。実にユーモアがあり、前向きで、かわいくて、楽しい御方です。そんな神様に与えられる試練も同じで、すべてあなたの考えや心を広げるためのものです。人生において、成功するか失敗するかは時の運です。あなたの天命を全うすることにこそ意味があるといえます。大切なのは、そのなかから、学び成長し、豊かになることです。神様はそれを望んでおられるのです。

神様・仏様を拝む前にご先祖様が大事

神様・仏様を信仰するということは、人生で非常に重要なことです。しかし、それ以前にご先祖様を大切にしていなければ、救いの道はありません。ご先祖様を敬わずして、神様・仏様が手を差し伸べてくださることはないのです。神様はあなたに期待し、仏様はあなたを待っていてくださいます。でもそれ以上に、あなたのいちばんの味方がご先祖様なのです。神様や仏様以上に親身になって、寄り添って力になってくださいます。ご先祖様がいるから今の自分が存在しているのは忘れてはいけません。そしてご先祖様は、常に子孫を気遣い、そばで見守り、強力なパワーで守ってくれています。

一言でいえば、その理由はご先祖様があなたの身内だからです。いちばん子どものことを心配してくれる存在は親です。力になってくれるのは身内です。親が子どもを思うように、家族を大切に思うように、親戚を頼りにするように、血がつながっている者同士の絆は非常に強いのです。同じようにご先祖様にとってあなたは身内です。ご先祖様は無条件であなたを好いてくれ期待しています。

生きていれば一度は直感的に危険を回避したり、運命的な出会いを果たしたり、なにか強い力に引き寄せられるような不思議な体験をしたことがあるでしょう。このようなときは、ご先祖様によって忠告やサインが送られているのです。

身内であるからこそ愛してくれ、家系の発展を願って力を貸してくれる力強い存在、それがご先祖様です。その存在に気づかず、蔑ろに扱うような人は、どんなに必死に神様・仏様に祈ろうと運が味方することはありません。身内が味方になってくれることで初めて神様・仏様が動いてくださるのです。

神様・仏様・ご先祖様が味方にいる人と、そうではない人とでは人生が大きく変わってきます。もちろん、無宗教だと公言しながらも、資産家であったり有名になり大きな成功を勝ち取ったりして、幸せだという人はいます。ただ、忘れてはならないのは、「人生は最後に決まる」という事実です。どれほどの成功者であっても、人生の最後に向かって寂しさに苛まれる人は少なくありません。人生の良いことも悪いことも全部勉強になります。だから、お金ばかり追いかけると、その先で愛という見えないものの大事さを学ばされることになります。

どんな偉い人と知り合って親しくなっても、身内のように助けてくれるとまで期待はできないはずです。しかし、身内は違います。そして身内が動けば、神様・仏様も動いてくださいます。

手を合わせるために生きているのではない。生きるために手を合わせている

手を合わせるということは、祈ることです。合掌という言葉には、神様・仏様を拝む意味合いがありますが、そのほかに、相手に対する尊敬の気持ちを表す際にも用いられます。

もしかしたら、両手を合わせて祈ることで救われると考える人が多いかもしれません。確かに、神佛（神仏）を信じることや神仏に向かって手を合わせることは非常に意味があります。しかし、神であれ仏であれ、信じることそのものが生きる目的となってしまうと、それは大きな間違いです。信じることは始まりでしかないのです。

人生はすべて自分の意志や気持ちによって築かれるものです。つまり自分がどうするか・どう動くかに委ねられているということです。それにもかかわらず、神仏に頼りすぎて自分自身を磨くことや努力することを疎かにしてしまう人が多くいるのが実状です。人

間は意志が弱く、感情や欲望に左右されてしまう弱い生き物ですから、偉大な力をもつ絶対的な存在に頼りきり、自分自身で責任を負うことを恐れてしまうのです。

しかし神様や仏様は、そのような状況を望んでおられるわけではありません。本来の目的は「救い」、つまりあなた自身の本来の心（魂）に戻すことです。苦しみや困難を抱えながらも、必死に立ち向かっている人間に、救いの手を差し伸べ、知恵を与え、動くための勇気をもたらす存在です。つまり生きるための支えとなる役割が、神や仏なのです。

だからこそ、私たちは自分自身の足で地に足をつけてしっかりと立ち、自分なりの方法で試行錯誤を続けていくべきです。そのうえで迷いや悩みが生まれたり、苦しさに押し潰されそうになったりしたときに手を合わせて祈るのです。

神のお力を借りながら必死に生きたうえで、最終的に神によって下された結果や判断をそのまま受け止める、これが人生というものです。決めるのは神様、けれど実際にやるのは自分自身です。

任天堂という誰もが知るゲームメーカーがありますが、この社名には「運を天に任せる」という意味が込められているといいます。これは、はじめから運を天に任せるのではなく、〝やるべきことを全力でやり遂げたうえで運を天に任せる〟という理念であり、「人事を尽くして天命を待つ」の精神であることは明白です。

人間が生きる意味や目的は、なにかをなすためです。あなたの人生を動かし、創り上げげるのはあなた自身です。すべての責任や選択を神に委ねるだけで、もしあなた自身がなにもしなければ道が拓かれていくことなど決してありはしません。

大事なことは、心も体も動かすことです。動けば必ずなにかが始まります。始まることからすべてが生まれるのです。遅いことはありません。たとえ小さなことでもいいのです。今すぐ、始めてください。

信仰は悪人であっても救うのか

神仏は人を選ばない。信仰は万人を救うためにある——。

それが真理なら、人を殺した犯罪者や誰かの善意を利用し金を騙し取る悪人も救われるのかと、不満に思ったり不審がったりする人もいるはずです。結論からいえば、誰でも救われるのが宗教です。罪人であろうと悪人であろうと、すべての人間が対象となるのです。

なぜなら、宗教における救いの根源にあるのは、気づきを与えることだからです。信仰を通じて、犯した過ち、無意識の間違いといった自分自身に対するあらゆる罪や悪いところ、欠点を自覚させてくれるものであり、正しいほうへと導くのが宗教の役目といえます。

神様は私たち人間を救うべく、気づくためのサインとして試練や困難をお与えになります。人間にとって気づきの威力は非常に偉大です。自分の間違いを認め、欠点を知る、これほど大きな変化はありません。性格や習慣を変えることは難しいことですが、なにかに気づいた瞬間、人はすでに新たな自分に成長しているのです。「気づくことで救われる」というのは、自分自身をより鮮明に理解できるようになり、改善・解決への対策が分かるからです。逆にいえば、悪いところや欠点に気づかず、間違いを認めなければ永遠に救われることはないのです。

仏教最大の宗派である浄土真宗を開いた親鸞聖人は、「善人なおもって往生を遂ぐ いわんや悪人をや」という教えを説かれました。これは、「善人でさえ往生（＝現世を去って仏の世界に生まれ変わること）できる、ましてや悪人ならなおさらだ」という意がありま す。つまり仏教では、現世でどんな行いをしようと、そこからいかに気づけるか、間違いを認められるかが重視されるのです。

おそらく悪人といわれる人は、自らを悪人だと自覚しているでしょう。だからこそ間違いに気づいたとき、反省や後悔する念は人一倍強いということです。一方で善人は自分を善人だと信じて疑いません。完璧な人間がいないからこそ神がいるはずなのに、自分には欠点や悪いところがないと思い込んでいるのです。これでは、なにかきっかけを与えても気づきを得ることも悔い改めることもできません。親鸞はそんな人間の本性を悟り、「悪人のほうがよほど救われる」と考えたのだと思います。

しかし、いつか救われるからなにをやってもいいというわけではありません。聖書の中に、「自分で蒔いた種は自分で刈り取らねばならない」という言葉が出てきます。種を蒔けば根を張り発芽し実をつけ、いつか必ず収穫することとなります。同じように人間も、自分の行為や言動で招いた悪いことや状態は、結局、自分で責任を取らなければならないのです。

因果応報という言葉があります。この世は良いことも悪いこともすべてに自分に責任があり、すべて自分に返ってくるという意味です。だから人を殺めればそれ相応の見返りがあり、人を騙せば同じだけの痛みを味わうことになります。罪を犯せば、同じ分の、もしくはそれ以上の報いがあるのです。

ただし、いくら宗教を信じていても神が責任を取ってくれるわけではありません。もちろん、神が身代わりとなってくれることもないのです。

例えば、こんなお話があります。武士がお地蔵様の首を刀で切り落とし、そのお地蔵様は首なし地蔵となってしまいました。その武士はお地蔵様に許されず、お地蔵様の首を元の位置に戻すまで何度でも生まれ変わりました。これと同じように人を殺めてしまえば、その責任を背負うこととなり、何度も生まれ変わっては殺めた人に尽くし、人生を奪ったこと、周りの人を傷つけたことの責任を、傷つけた分だけ返さないとならないのです。自分が引き起こしたことは、すべて自分で背負うしかありません。人間はその覚悟をもって慎重に誠実に生きなければならないのです。

厳しい修行が行ではなく、生活そのものが行である

今、私たちが生きている目的――それがはっきりと分かれば、〝なにに価値があるのか・なにを大切にしなければならないのか〟を具体的に理解することができるはずです。命ある存在＝あらゆる生き物たちは、どこに向かって、なんのために生きているのか？答えは一つ、魂を磨き大きくすることを目指しているのです。

お坊さんは、魂の向上のために出家して修行（＝行）します。俗世間から離れ、感情や欲望を捨て悟りを得ることを目的に、勤め励む人生を選択しているのです。修行僧の生活はすべてが修行です。修行内容はさまざまあり、読経や座禅はもちろんのこと、早寝早起き、断食や呼吸の制御や、水行やお遍路といった肉体的な苦痛を受けるものもあります。日夜厳しい修行を通じて、忍耐や感情の抑制を習得し、意志を鍛錬していきます。

しかし、社会に身をおく一般人は、そのような修行を行うことは叶いません。では、ど

のようにして魂を磨き上げていくのか。一般の人々にとって、生活そのものが「行」となります。人生における問題、出来事、あらゆる経験はすべて魂の向上につながる行なのです。家庭の問題、会社の問題、学校の問題、対人の問題……そのすべてで直面した問題と向き合い、自らを成長させていく過程が魂を磨くことになる。これが生きることの真の意味です。

だから、淡々と生活をこなしていくだけでは、本来の生きる意味から反することになってしまいます。大切なのは自分の本心・内面と向き合い、魂の声を聴くことです。そのための方法に瞑想があり、仏教の修行で用いられる座禅も同じ目的と考えられます。

瞑想とは、目を閉じ、呼吸に集中することで雑念を払う精神状態のことです。座禅は瞑想法の一部で、なにか一つのことに集中することで自分の心の動きを抑えます。要するに自分自身を観察する行為です。

どちらも魂と対話をすることで、心を整える効果があります。魂との対話は、精神の安定だけでなく、脳を鍛えることもできるのです。自分の感情はどのようになっているのか、自分はなにを考えているのか、なにを求めているのか……こうした感情の動きや脳の中にある考えをしっかりと理解すると、想像力や直観力が高まっていきます。

直感や想像とは、たんなる山勘や根拠のない思いつきといった、感覚的なものと考えられがちですが、実はそうではありません。自身が積み重ねた経験のなかから得た洞察や知識、思考、印象といった脳内にあるすべての情報から、瞬時に判断したりイメージしたりすることです。ですから、直観力や想像力が鋭い人は、日々自分と向き合い、自分を知り、冷静に世界を見ている人なのです。

自分や世界をよく理解しているからこそ、咄嗟に生まれた直感やイメージを信じられるようになります。これが、誰も思いつかないような閃きや新しい発想、自由なアイデアにつながっていくのです。そのためには、瞑想や座禅を通して自分の心を観察し、魂と対話していくことが不可欠です。

まずは感情の動きを知り、魂が求めていることを知り、自分自身を理解することから始めることを考えるのです。

善悪を決めるのは人間の選択次第

善と悪、これらを判断する基準とはなんでしょう。道徳や倫理のうえでは、善悪が問題にされます。分かりやすいものでは、お金や権力などがその最たる例です。

しかし、仏教における善悪の基準は少し異なります。仏教では、「慚愧《ざんぎ》」の心があるものを善、慚愧の心のないものを悪という根本的な考え方があります。慚愧とは、恥じるという意味で、自分の過ちや間違いを深く反省し、心に罪を恥じることをいいます。

つまり、お金や権力自体は、悪でも善でもありません。それを使う人間の真意や選択によって善悪が分かれるのです。お金や権力は大きな力をもっている分、使い方によっては大きな恩恵をもたらします。大切な人のためや困っている人のためなど、私利私欲ではなく他者のためを思って使うお金は、多くの人を救います。その反面、自らの利益のため、悪い目的のために使えば人を殺す力さえもあります。

権力も同じです。自分の立場を利用して大きなプロジェクトを実現したり弱い立場の人を守ったりすれば、多くの人が救われます。しかし、自己保身や地位を守るためだけに権力を振りかざせば、人を不幸にしてしまいます。

また最近ではスマートフォンが広く普及し、世の中はさらに便利になりました。国籍や年齢問わずさまざまな人とコミュニケーションが取れるし、欲しい情報がすぐに手に入ります。多くの良い面がある一方で、誹謗中傷や炎上など他人を簡単に傷つけたり、誰かの生活や成功と比較して自信を失ったりと、悪い面もたくさんあります。

軍事産業も同じです。戦争を助長し、人を殺すための兵器を作っていると批判的な意見もありますが、実は軍事産業から生まれた技術はたくさんあるのです。コンピューターやインターネット、カメラ、スマートフォン、さらに糖尿病の透析技術も軍事技術の発展の賜物です。

つまり、物事それ自体に善悪はなく、それを利用する人間の選択や行動次第で善悪が決まるということです。人を活かすも殺すも人次第であり、力をどのように使うのかでその人間の真価が問われます。自分を守るため、得をするために使うのか？　他人のため、社会のため、国のため、未来のために使うのか？　この重要な選択において正しい道を選べるよう、常に心を鍛えなければなりません。それこそが私たち人間の使命であり、そのものの価値を決定づけるのです。

今生きる人が教えを進化させていかないと救われない

宗教とは、悩み苦しむ人を救うための教えを与えるもの。神道も仏教もキリスト教もユダヤ教も、あらゆる宗教は今生きる人々の悩みに寄り添い、新たな生き方を示すために生まれました。

時代の情勢や特徴によって、人々の悩みもそれぞれです。スマホやSNSがまだなかった時代、日本人はどのような悩みを抱えていたのでしょうか。雨が降らない、作物が育たない、災害による被害……自然の恵みを存分に受けて暮らしていたときにはそれに応じた悩みがありました。同様に、現代人には現代の悩みがあります。

現代特有の苦悩は、実に複雑で、不透明な未来に対して漠然とした不安があるように思います。あふれる情報のなかで自分を見失ってしまう、ＡＩやロボット技術の台頭で人間の仕事が奪われていく、自分自身がやるべきこと、やりたいことが分からない……そんな複雑に入り交じった悩みや不安のなかで、解決策を見つけ出すのは困難を極めることです。

以前は正しいとされた考え方が現代では通用しないということは、今の世の中に生きる人はいったいなにに救われるのでしょう。すがるべき存在がなく、一人で苦しみを背負い続けなければならないのでしょうか。決してそうではありません。いついかなるときも、誰に対しても、救済するのが宗教の役目です。

だからこそ時代の変化、人々の悩みの変化に合わせて、宗教も進化させていかねばなりません。時代に合わせて宗教の教えも進化させる、だから新宗教は生まれ続けます。宗教における進化とは、より良い解決策が見つかるということです。

しかし、一方では宗教による戦争や事件も増えてしまいました。ときに信仰心は争いの火種となります。誰もが自分の信じている宗教こそ〝絶対に正しい〟と思い込んでしまうことによって、異なる考え方や価値観を受け入れられなくなってしまうのです。そんなマイナスイメージが膨らんだことで、新興宗教に対する世間のイメージも悪化していると思います。怪しい・やばい・危ない・過激……悪印象が独り歩きしている状態です。けれどあくまで新宗教は、悩み苦しむ人々の救済のため、新たな教えを啓示していることに変わりはないのです。これまでになかった考え方で、人々を救おうとしているというのがその本質です。

仏教やキリスト教など、今では伝統的な教えとして根づいている宗教も、発足当時は新宗教として人々から訝しく思われていました。しかし、現在、世界中に多くの信徒を抱え、たくさんの恵みをもたらしています。つまりは、宗教も会社も人間も一緒です。社会貢献を本気でする会社もあれば悪い会社もある。その会社のなかにも善人も悪人もいます。人間が行っている以上、宗教の世界も同じであり、宗教が身近で当たり前のものだと分かるはずです。

また、仏教にさまざまな宗派があるのも、人々の悩みに応じて新たな教えを展開していったからにほかなりません。平安時代、僧や貴族に向けた格式の高い専門的な教えであった仏教は、鎌倉時代に入り、飢えや貧困に苦しむ庶民を救うために新たな考え方を提示しました。食べるものもなく病に侵され、今にも力尽きそうな人々に対し「修行しろ」「我慢しろ」という厳しい教えを説くことが本当に救いになるでしょうか。それはむしろ苦しみを与えることになります。そこで法然上人は新たな宗派を開き、ただ「南無阿弥陀仏」さえ唱えれば極楽浄土に行けると説いて人々を救ったのです。

それから争いが絶えなかった戦国時代、徳川幕府によって支配された江戸時代、文明開化が起きた明治、戦争によって国民の自由が奪われた昭和、不況の波にのまれた平成、未来に対し漠然とした不安に駆られる令和……日本にはさまざまな宗教と教えが生まれてきています。そしてこれからも宗教の進化が止まることはありません。

宗教の進化は、科学技術の進歩とも本質は変わりません。科学や医療は、人々の暮らしを豊かにするため、進歩し続けてきたものです。科学者や医師はこれまで人々のために研究し、命を懸けて進化に貢献し技術を発展させてきました。しかし私たち宗教家は過去の偉大な開祖、聖人様たちの功績にあぐらをかいてしまい、救済の道を忘れ、人々のために体を張って立ち向かわなかった結果が現在の状況となっているに過ぎないのです。

科学は信用できるけど、宗教は信じられないと感じる人が多いのは、科学は「目に見える＝証明されている」という理由が大きいからでしょう。しかし、科学の進歩とは、それまでに解明されていない謎を明らかにすることです。人間は本能として未知なるものへの憧れがあり、それを知りたいという欲求が内在しているといいます。多くの科学者はこの衝動にかられて、未知なる生命現象を解き明かしてきました。その点に注目すれば、つまり人知を超えた存在を信仰する宗教と、未知の謎を解き明かしたいという科学とは根源的な動機はまったく同じなのです。

神仏習合の神様を御神体（御本尊）として法ノ宮を創設した理由

法ノ宮の目的は、日本人の精神の根源にある神仏習合に原点回帰することです。自然と調和する日本人の心から自ずと生まれた神道、そして偉大な聖徳太子が平和と秩序をもたらすべく取り入れた仏教――この2つの宗教によって、日本という国の基礎が築かれ、日本人の国民性、そして伝統と文化が創り上げられています。

異なる考えや価値観を否定することなく、良いものは良いと認め受け入れる心、譲り合う心、助け合う心が、日本に生まれた私たちの心には、深く根を下ろしています。正月の初詣には神社で1年の幸せを祈願し、自然のなかで心が安らげる、今も変わらず私たちがもっているこうした感覚は日本人としての魂があるからです。魂本来の在り方に抗えば、違和感や喪失感に苛まれるなかで、己を見失ってしまうのは当然の因果なのです。

しかし、この日本人としての精神が失われる危機、大きな転換点となった出来事がありました。それが太平洋戦争（大東亜戦争）です。それまで負け知らずの日本軍が連合国に初めて敗れたあのときから、日本は変わってしまったのです。それまでの自然を敬い尊ぶ日本人的精神、仏教の教えを日常生活で実践し、忠誠、犠牲、礼儀、質素などを重んじた武士の精神は薄れゆき、国を愛する心、家族や祖先を敬う心を失いました。

西洋や欧米の文化・思想が取り入れられていき、伝統的な日本文化が失われ急速に西欧化が普及していきました。また、GHQの指令によって憲法が書き換えられ、人々は個人の権利を主張し始め、他者を思いやり自らを省みる心も失われていきました。

こうして、精神的な豊かさをもった日本人が、物質的豊かさの代表であるアメリカに敗れたことをきっかけに日本人は物質的な豊かさを手に入れることになります。しかしながら、それと引き換えに、精神的豊かさを失ってしまったのです。

ただし、大きな問題が生まれました。その心は、日本人の精神ではないのです。だからこそ、現在の日本は精神的にも物質的にも豊かな日本を目指すべきだと私は思うのです。神仏を信仰し、心の支えとしていた祖先たちは、他者を尊重し認め、慎み深い生活を愛していました。その心が日本の文化や伝統として現れています。

現在、日本人の精神、民度の高さは世界中から評価されています。この精神を創ったのは私たちのご先祖様です。ご先祖様が創り上げてきた素晴らしい日本の心を失うようなことがあってはならないのです。

八百万の神の最高神ともいえる天照大御神の末裔である天皇を崇拝し、天皇の御心に従う。日本人としてこれ以上の在り方はありません。

私は、現代人の苦しみを救うのは、神仏習合の精神に立ち返るしかないと確信しています。本来の日本の姿を取り戻すべく立ち上がったのが法ノ宮なのです。

地球の心、超越心を学ぶために我々は生きている

この地球に存在するすべての魂は、地球神の心＝「超越心」を目指しています。生命の目的と考えられる科学、哲学などのあらゆる行き先は、この超越心に向けて進歩していきます。だからこそ私たちは目の前の現実と向き合い、魂を磨くことを意識し続けなければなりません。

この宇宙は一つではありません。私たちが住む地球が含まれる「宇宙」と呼ばれる広大な空間は、数多くあると考えられており、それが「マルチバース」、すなわち無限に重なり合う宇宙の存在です。この法則にのっとれば、この地球も一つではなく、無限の地球があると考えられるのです。

ならば、私たちが暮らす地球は、いったいなんの目的で創造されたというのでしょうか。

魂の存在を生み、育てるためです。魂を磨き、大きくするためにほかならないのです。

この地球は、「魂の行き場」として存在しています。

これは地球と、宇宙に無数にある星々を比べてみれば分かります。広い宇宙の中には、我々では観測しきれない途轍もないエネルギーが存在します。それぞれの星によって、気候、温度、重力、風力、圧力、環境はまったく異なり、常に激しく変動します。いうなれば、地球のように状態が安定している惑星はほとんどなく、なかでも生命が存在できる条件が整った惑星は極めて少ないのです。

一方で、私たちの地球はどうでしょうか。気温の変化は最大でも±60℃の範囲に収まり、生命を脅かすほどの気候の影響もほとんどありません。この地球は、他の惑星とは比較できないほどの安定した環境が保たれているのです。

水があり、酸素があり、大気があるのが地球です。天災が起ころうと、人間社会は維持されます。複数の要素が満たされ、奇跡のように条件がそろえられた地球だからこそ、生命が宿り、長きにわたり繁栄することが可能になったのです。

この構造を人間の心（感情）に置き換えると、一定の法則が見えてきます。

制御できないほどの怒気、薄情、威圧感、冷酷さのある人間のそばには長居することはおろか、近寄ることも難しいでしょう。そんな人間の近くにいることで苦しみを感じます。さらに、あまりに不安定な状態が続いていれば、次第に人は離れていきます。いうなればそこにいられない状況、つまり地球以外の惑星と同じ劣悪な環境といえます。

反対に、常に温かく、周囲の人を活かし、癒やし、居心地の良い人間の近くには、人(＝魂)が引き寄せられていきます。安定した状態で、他者を幸福にする要素を満たしている人間は、地球のような存在になり得るのです。

だからこそ私たちは、地球(＝地球神)の心を目指さなければいけないのです。この場所で暮らし、さまざまな生命とともに生きる我々は、自らを知り、学び続けなければなりません。

人間という魂は、魂の行き場として存在する地球において、地球神の心に志向します。愛すること、我慢・忍耐、育てることを「心」で学び取るのです。そして、先を見通す力、導く力、守る力によって「知恵」を得ます。こうした人生における「成長の過程」で、魂を大きく育てているのです。

日常生活、仕事、学校、結婚、家族、人間関係……己に降りかかるあらゆる出来事は、魂を生み育てる「地球神の心」を学び、実践していくためにあります。生きることそのものが学びとなり、「行」となるのです。この目的を知って生きる者と知らずに生きる者を比べると、人生の質が大きく異なります。

私たちのように魂をもつ存在は、この地球に生きながら学び、やがて死に、そしてまた生まれます。回転する車輪が何度でも同じ場所に戻るように、この世界に生死を繰り返す、これが「輪廻《りんね》の世界」です。

魂を磨き大きくし、地球神の心を会得できれば、再び生まれる必要はなくなります。なぜなら、魂が目指すところはただ一つ、地球神の心だからです。魂が地球神の心に達したとき、輪廻から解脱することができるのです。

輪廻から脱した魂は、新たな世界に生まれます。それは地球とはまったく違う空間です。地球で課せられた苦しみや痛みは、すべて魂の向上のためですから、そうなれば、あらゆる困難を乗り越え、地球神の心を得た魂は、超越した存在となります。

その魂が行き着く新たな世界には、地球上で感じる苦しみや悲しみはありません。苦しむことを必要としない世界、苦しむことで学ぶ世界ではないのです。魂はそこで与えられる新たな目的や学びに対峙し、達成を目指します。

そうして魂はどんどん磨かれ大きくなっていき、またさらに上の世界へと転生を繰り返します。神佛の世界は永遠に続くのです。

この世界は、多様な「段階」の世界でできています。限りなく小さな素粒子の世界があり、果てしなく広がる大きな宇宙の世界があるように、永遠に続く魂の世界が存在します。これは自然の法則であり、不変の真理なのです。

私たちは、地球神に一歩でも近づくべく、意味のある人生を歩まなければいけません。魂を磨くことを意識し続けなければならないのです。不変の真理をよく理解し、自分のものとして体得する姿勢、それこそが「如来の心」です。

思いの世界

法ノ宮の中心となる教えに「思いの世界」というものがあります。これは、神様が自分は何者かと問うたことから始まったこの世界の仕組みであり、思いによってすべてが作られ、変えられるという教えです。

あるとき、神は自分は何者なのだと思いました。そう思った瞬間、もう一人の自分が現れます。プラスとマイナス、陰と陽、そして問答が始まりました。その問答によって、この世の原理原則が創られていきました。その原理原則は神の思いにより始まり、思いのままに創られていったのです。

我々人間も思いによって「作り出す力」があります。つまり神であり佛であるということと同じです。神、佛と同じように思いによって人生を決めて作り出し、自分が何者なのかを知るために生きています。動物も植物も思っていて、その思いは現実として現れます。

木の実は、甘かったら動物が寄ってきて、種をまいてくれると思います。その思いのまま果物は甘くおいしそうに創られていきます。同じように、我々もその原則で生きているのです。身体に悪いことを考えれば悪いものができる、それが感情です。その思いを正そうとするのが神佛の御心であり慈悲であり愛です。思いを正す知恵が教えであり、思いを良い方向へと向けようとしているのが神の御心なのです。

自分を出せば悪いほうに向かう原理が動き始めます。それは止まること、循環できなくなることであり、心が循環せずに止まるから病気になります。腹を立てることも、恨むことも、不平不満をもつこともあるでしょう。しかし、もち続けることはいけません。止まることがダメなのです。やめようと後悔する心、改めようとする心、それを少しずつでももたなければいけません。それが止まらずに動き出す方法なのです。

動くということが原則であるということは、心も動かさないといけません。すなわち、動くことがすべての始まりである以上、心も動かさなければいけないのです。

この世に産まれてきて母を見て愛が生まれます。その愛は心の力、魂の力です。どんどん心は動いていき、それが成長の始まりとなります。そして母を求めて、すべてを求める心が出て、母を独り占めしたい心も出てきます。そこから人生の苦しみは始まり、愛の一つの側面として嫉妬、妬み、あらゆる心が出てくるでしょう。そこで心を教わって知り、自分自身を創ってゆくのです。

そのなかで準じる者と準じない者が出てきます。母を本当に独り占めしようとする者と、それはダメなことだと知り、その心に素直に従う者とがいます。そこで歩む道が違ってきて、教えを自分のものとする者と、そうでない者、もちろん知恵の格差も出てきます。だから歩む道が違ってしまうのです。

格差というのはここで生まれます。だからこの世に私たちが思う平等はありません。前世からやってきたこともあるし、一人の魂の歴史は何億年あるかも分かり得ません。しかしそのなかで確実に格差が生まれるため、一回の人生を比べれば平等ではないということです。

私たちはこの人生のなかで学び、そして自分自身が正しいと思うほうへ望むほうへと神佛を信じて進むしかありません。お金についても、豊かさを知っている者はこれくらいで良いと満足できます。これは「足るを知る」ということです。それにどこの段階で気がつくかがなにより重要だといえます。

心の豊かさを大事にしなければならないが、どこまでもお金を求める人が悪いわけでもありません。それは状況によって違います。お金を生むことが万民のためになるのであれば、それも良いことです。岩崎弥太郎がいなければ三菱はないし、三菱がなければ今の日本はなかったでしょう。どんな環境のなかでも心を強くもち、立身出世を志したからこそ日本のためになっています。自分の信じた道が善のほうに行くか悪のほうに行くかは、「神のみぞ知る」ことです。

善か悪かは、時代が決めることもあります。徳川幕府を倒そうとする坂本龍馬や、西郷隆盛、高杉晋作、それと徳川家を守ろうとした勝 海舟、近藤 勇らはどちらが正しかったのか、いうまでもなくどちらも正しかったのです。現代ではどちらも称えられ、尊敬されています。時代がどう動くかは神のみぞ知る、時代が決めることでまさしく人知を超越する次元の話です。

神佛が褒めるのは善だけではありません。生きることを褒めており、どちらも良い生き方だったと思われます。ただ、時代は明治へと移り変わるほうを選んだだけのことなのです。

お金を生み出すためにはどれほどの心の力が必要か、どれだけ心を傷つけてやってきたものか、これが神仏混合の考え方です。どちらが良いということではなく、お金を求める心も認めるということです。この考え方がこれからの日本に必要です。思いがすべてを創り出し、現実に現れるのです。

思いが変われば、人間が変わります。身体の機能が変化し、性格や病をも変えることができます。その思いを変えることができるのは、神様・仏様しかいません。あとは頼るしかなく、すがるしかないのです。結果は天の判断にお任せするべきです。しかし必ず神仏は私たちのために、動いてくださるでしょう。

一分一秒思い続けている我々、生きることは思うことです。そして行動し、形にすることです。いかに思うことが大事かを私は伝えたいのです。思うから始まる、思うから行動する、思うから形となるわけです。

ならば腹の立つことばかり思って、結局どうするというのですか? 妬んで、悔やんで、嫉妬して、憎んで、不貞腐れてどうしますか? そんなことばかり思っていては、それがあなたの人生になってしまいます。私は神様なんだ仏様なんだと思い、愛を、優しさを、思いやりの心を遣って、行動し、形としていくべきです。自分を知り、自分に誇りをもち、願ったことが夢で終わらずに一つでも現実のものとして形となるように、努力してください。

現代人を苦しみから解き放ち、日本の明るい未来のために

私たち法ノ宮は、神仏混合の考えのもと、世のため人のためを思い本気で活動しています。しかし、自分が救ってあげる、などとおこがましいことは一切考えていません。救うとは、生ぬるいことではないからです。身体を病んでこられる人、悩み苦しみの重圧に押し潰されそうな人……本気で救いを求める人々に、私たちも本気で向き合っています。

法ノ宮には、法霊祭や神儀の密法というものがあり、体に触れて癒やします。このご時世、さまざまな問題がありますが、私たちに恐れる思いは一切ありません。恐れは動きを止め、可能性を狭めます。だからこそ、私たちは、強い覚悟と決心で立ち向かっていくのです。

思いが生んだ病は思いの力で改善を目指すことができます。思いが変われば体が変わる、人生が変わります。その思いを直接届けるために、体に触れることが最も大切なのです。

ただし、その結果は神様・仏様次第です。あなたの人生を決めるのも神様・仏様。信じ、祈り、求める者が救われるのです。

この素晴らしい日本という国に生まれ、今を生きるあなた、そして英霊たちが守ってくださったこの国の未来のために、私たちは新しい哲学を生み出し、現実世界で救われる教えを与えようと邁進しています。

「日本人の豊かな精神を取り戻す」、この真の目的に向かって、法ノ宮はこれからも進化し続けていきます。あなたは一人ではありません。信じれば、必ず救われるのです。

おわりに

法ノ宮の始まりは、父の時代からです。

父には私を含め7人の子どもがいました。しかし2番目の娘がある日外で遊んでいると、バイクに跳ね飛ばされるという事故に遭い、その1年後に亡くなってしまったのです。そのことをきっかけに父は毎日神社にお参りし、神に手を合わせるようになりました。

そんな日々を繰り返すなかで、不思議な体験があったのだと聞きました。日々、近所の妙見神社の奥の院に通い、行を行っているうちに、神佛と会話をし、業を身につけ始めたのです。私自身が思い出すのは、一緒に自動車で初めて訪れる道を移動中に「お地蔵さんが呼んでるから右に曲がってくれ」と言い出したので、そのとおり曲がってみると、本当にお地蔵さんがあるなんてことはしょっちゅうでした。また、人の耳の近くの空気を手でつかみ、自分の耳に当てるや「お前こんなこと考えとるな」と言い当てるようになったのです。

そんな不思議な力を手に入れた父は、ある日いつものように妙見神社の奥の院でお参りをしているとき、神様からこんなお告げがあったそうです。

「後ろを見てみろ。お前は北九州で一番になったよなあ、もうよかろう。辞めてこの道に入れ」

実はそのとき父は、戦争から帰ってきて会社を立ち上げ、北九州で業界一番の企業に成長させていたのです。

しかし父はそれに従わず、「私は商売が好きです。私は商売がしたい」とお告げを断りました。するとそれから会社の業績はみるみる悪化し、しまいには倒産してしまったのです。そのせいもありうつ病や不安障害のようになってしまった父は、ある新興宗教に通うようになります。

そこで父は、教祖様によって目の不自由な方が視力を取り戻す場面を目の当たりにしました。赤、青、黄色と出されたものの色を次々に言い当てるのを見て、なぜ目が見えないのに色を知っているんだと不審に思い、「あんた、サクラじゃろ」と問いただしたのでした。分かったのは、その方は実はまったく見えなかったわけではなく、弱視でよほど近くでないと色の判別はできなかったということでした。やはり教祖様の業によって以前よりも視力が回復したのは本当だったのです。

その出来事に感銘を受けた父は、それから仕事を休んで教会道場に泊まりこみ、教祖様の説法を聞き続けました。

そして1カ月が経った頃でした。「分かった」と言って家に帰ってきた父は、それから自らの手で人々を救い始めたのです。そんな父の元には1人2人と人が集まり始め、やがて活動を「法親会」と名付けました。これが法ノ宮の始まりです。

私はといえば、父の会社が倒産したときの話に戻ります。倒産の数日後、虫の知らせか両親が今日死のうとしていると直感的に感じて、急いで両親のもとへ向かったのです。その日から神経の病に侵される父と、喘息に苦しむ母を必死に支え続けました。毎日お参りをし、必死に回復を祈りました。しかし、母の喘息はどんどん悪化し、私が32歳のときに亡くなってしまいます。心の頼りを失った私は、「あんなに拝み続けたのになぜ死んだんだ」と悔やんで神も佛もあったものかと、お参りをやめようかとも思いました。しかし、それから神佛を追求していく道に進んだのです。そんななかで阿弥陀如来の十八願と、目連上人の物語（目連上人の母は地獄にいて、母を地獄から救い出す物語）を見たのがきっかけとなり、「母のために拝めば浄土の世界へと行ける。俺はなんて間違っていたんだ」と神佛に懺悔したのです。

一人で行を続けていた私の元に、やがて5人のお弟子さん（信徒）が集まりました。当初は一切お金を取らず、信徒さんのためにお弁当やコーヒーを自腹で出し、無償で救っていました。しかし時間が経つにつれて、信徒さんたちがだんだんわがままになっていくのです。「コーヒーじゃなくてお茶がいい」「私の分のコーヒーが来ていない」と感謝の心どころか傲慢になっていく信徒さんを前に、これではいけないと考えるようになりました。救われる人間がこの態度では、神様・仏様に対して申し訳ないと感じたのです。

それから数年、妙見神社での行の帰り、神様から私にも声がかかりました。「おい、神仏混合神の名でやってみんか」、このお告げどおり私は「法ノ宮」という名前を選び、神仏混合を御本尊とした、現在の法ノ宮設立に至ったのです。

時が過ぎて、多くの信徒さんを抱えるようになりました。今私たちが救えるのは、実際に相談にいらっしゃる方しかいません。しかし私たちには、距離が遠くとも、直接の出会いがなくとも、より多くの人々を救わなければいけないという使命があるように思えてなりませんでした。

実は私は、30年前から本の出版を考えていました。現代人が抱える悩みや苦しみを解き放ち、本当の意味での人助けをするにはどうすべきなのか、長い時間をかけて考えました。

そんななかで私には、「信じること」こそが現代における唯一の救いになる、日本人に希望を与える力となるという確信がありました。もちろん、「宗教」という言葉に対するマイナスイメージが世間で独り歩きしていることは百も承知しております。

だからこそ、より多くの人々の心に届けるためには、どんな言葉を発し、どんな教えを説けばいいのか、慎重に検討してきたのです。そのためには、思考を重ねて神佛に対する独自の哲学を確立し、神の御心・佛の心を追求する必要がありました。そして、30年という年月の末導き出したのが、本書でお伝えしたことです。

民度が高く、優秀だといわれる日本人。しかし現代に生きる日本人は、複雑に入り交じった苦しみを抱え、やり場のない不安に襲われているように思います。情報過多の社会に混乱し、確固たる人生の指針を見失っている人が多いのです。

だからこそ、今、「信じること」が活きるのです。日本人としての精神、日本がもつ歴史と文化に立ち返ることで、本来の魂の姿を取り戻す——。古くから日本に根付く「神道」と「仏教」の教え（＝神仏混合）こそが、私たち現代日本人の魂を目覚めさせてくれると私は信じています。

正直、本を出版すること、世間に私の教えを説くことへの恐ろしさがないと言えば嘘になります。どう扱われるのか、どんな反応があるのかも分かりません。しかし、私がこの本で伝えたいことは、カルト的な信仰の形では決してないのです。

真の幸福とは、相手を思い理解することであり、自分を優先させることでは得られない。つまり、誰かを救い幸せにしたければ、常に自分を犠牲にし、相手がいかに活きるかを優先しなければいけません。

この本が誰かの痛みを和らげ、誰かの役に立つと考えれば、出版にあたって私自身が抱く、不安、恐れ、迷いといった負の感情など、大したことではありませんでした。それほど本気で、法ノ宮の教えは現代人を〝活かす（救う）〟と思っているのです。

我々は、魂を大きくするために生きています。本書を手に取った方々の魂が、少しでも強く大きくなりますように、心から祈っています。

沼田法海（ぬまた ほうかい）

1948年生まれ、福岡県小倉市（現・北九州市小倉北区）出身。幼少期から父親の影響でお参りに行く習慣があった。社会人経験を経たのち、父親の会社の倒産や母親の死を経験し、神佛を追求する道に進む。その後自身の教えを開眼し、神の啓示により2000年に宗教団体として法ノ宮を設立、2003年に宗教法人の認可取得。年々信徒数が増加するのに伴い、支部の増設や、2024年には活動拠点の移転を行うなど、より多くの人々を救うために活動を続けている。

本書についての
ご意見・ご感想はコチラ

信じること 人生を切り拓く知恵

2024年11月28日　第1刷発行

著　者　　沼田法海
発行人　　久保田貴幸

発行元　　株式会社 幻冬舎メディアコンサルティング
〒151-0051　東京都渋谷区千駄ヶ谷4-9-7
電話　03-5411-6440（編集）

発売元　　株式会社 幻冬舎
〒151-0051　東京都渋谷区千駄ヶ谷4-9-7
電話　03-5411-6222（営業）

印刷・製本　中央精版印刷株式会社
装　丁　　立石 愛

検印廃止
© HOKAI NUMATA, GENTOSHA MEDIA CONSULTING 2024
Printed in Japan
ISBN 978-4-344-94856-3 C0095
幻冬舎メディアコンサルティングＨＰ
https://www.gentosha-mc.com/

※落丁本、乱丁本は購入書店を明記のうえ、小社宛にお送りください。
送料小社負担にてお取替えいたします。
※本書の一部あるいは全部を、著作者の承諾を得ずに無断で複写・複製することは禁じられています。
定価はカバーに表示してあります。